平谷けいこ

四季の摘み菜12ヵ月

健康野草の楽しみ方と料理法

山と溪谷社

四季の摘み菜12ヵ月

目次

装丁　高橋　潤
本文レイアウト・DTP　株式会社 千秋社
編集　藤井 文子

まえがき

摘《つ》み菜《な》って、な～に

摘み菜とは、珍しいものや特別なことではなく、街の中でも、野山でも、身近に生えている食べられる草や木の「菜《な》」を摘んでいただくという、誰でもできる楽しみです。四季おりおり、ページを繰《く》るごとに、ちょっとおいしい摘み菜たちがあなたと遊びます。

幼なじみに出会うよう

「平谷《ひらや》さんが野原に出ると、もう戻って来えへん」と、いつも仲間たちはこぼします。そう、見知っている摘み菜に出会うと、まるで幼なじみに出会ったように嬉しくて、「あんた、こんなとこにいてたん？　わあー、あんたもいてたん」と時を忘れて遊びます。

私は5人兄妹の4番目、おまけに母は職を持って忙しく、普段はほぼ忘れられた(?)存在でした。でも休みになると、母はおにぎりを作り、「草摘みに行くひとー」と、子供たちを電車にのせて、野原へ連れて行ってくれました。帰りの車中ではハンカチを広げて、ツクシのはかま取り。兄妹の中でいちばん草好きの私は、草摘みのときだけは私一人の母さんみたいで、楽しかったものです。そうそう、ヨモギ餅やフキノトウ味噌のおいしさを私に教えてくれたのは、奈良に住む叔母たちでした。遊びに行くたびに、ついてもらう草餅も大好きでした。

中学生のころ、夕食当番が回ってくるといつも、「あの原っぱのヨメナ摘んで、今夜はおひたしにしょ」と思いつくと、もう、ウキウキ。母は「おいしいネ」と喜んで食べてくれました。

やがて、私も母となり、母親勉強会で昼食に出した摘み菜の料理から、「ノビルをおばあちゃんが酢味噌和えにしてくれたわ」「私の田舎ではツワブキをおいしく炊くよ」と、ふるさと話に花が咲きました。こうして、いつのまにか、あちこちのイベントで話をしたり、摘み菜料理の教室を開くようになりました。摘みながら味わいながら話すうちにすぐうちとけ、輪が広がっていきました。

摘み菜は身近な宝物

「えっ、ネギ坊主のバターライス?」「まぁきれい、サザンカの花ゼリー!」。野に摘んでいると、草たちだけでなく、サザンカの木も浜辺のホンダワラも顔なじみになり、「遊ぼうよ」って、呼ぶんです。

薄紅色のサザンカの花を眺めながら、「お茶の木の白い花と同じ仲間だから食べられるかな」と、有用植物事典で調べたり、薬草園や博物館にたずねてみたら、昔はツバキのように種から食用油を絞っていたとわかりました。「実が食用なら、花も食べられるね」。

地球上の約30万種の植物のうち、現在、食べられている植物は約1万種。そして、野菜として利用されているのはたったの1000種ほどです。まだまだ天然の菜が私たちを待っています。

ナズナやハコベ、キクイモやマツなど、古来から食されていた、たくさんの摘み菜たち。そして、今でも地方や外国では、野菜として活躍中のものもたくさんあります。「野生の菜」はビタミン、ミネラルも豊富、おまけに無農薬で無料とあっては、利用しない手はありません。

いつでも摘み菜したいから

いくらタダと言っても、好き放題に採っては、翌年に同じところでその恵みに出会うことはできなくなります。「たくさん生えている摘み菜だけを」「家族でちょっと楽しむ分だけ、指先で摘む」。これが原則です。決して全部の芽を摘んだり、スコップで根こそぎ抜かないようにしています。もちろん、私有地に入るのもいけません。山菜や山野草のブームで、各地の自然がレジャー客や業者に荒らされ、地元の人たちを困らせています。「山菜を採らないで!」といった立て札を立てざるをえないのはさびしいことです。

また、幻の希少種になってしまったものや数が減ってきている在来種は、どんなにおいしそうでも、見るだけで我慢です。でも大丈夫、そのすぐそばに外来種で、意外とおいしい摘み菜が元気に育っていますから。どんどん摘んでいただきます。今夜はセンダングサの天ぷらです。

野生のナデシコが種をつけているのを見つけたら、その土地と様子のよく似た野山に播いてきます。摘み菜人、あるときは「花咲かおばさん」です。

四つ葉怪談

ちょっとコワイ話があります。ある市街地に行ったときのこと、セイタカアワダチソウの繁殖を抑えるために、クローバーを植えているところがありました。いつもの習いで幸せの四つ葉探しを始めました。すると、ここにもあそこにもと、たくさんあるのです。

「幸せがこんなにたくさん！」と喜んだのはつかの間、ふと横を見ると、舗装の残りを捨てたらしいコールタールの固まりがありました。

四つ葉は奇形の一つで、排水口の近くや日陰などのジメジメした、クローバーにとっては環境のあまりよくないところにも多く見られます。「こんなゆがんだ幸せは要らない」と思い、摘まずに帰りました。

もう一つ、松葉から出る精油は防腐剤の成分でもあります。ところが松葉サイダーを作るとき、自然水で作るとうまくできるのに、水道水で作ると腐ってしまうのです。防腐剤である松葉を腐らせてしまうほど、私たちは水を汚してしまったのですね。

農薬を使って育てられた作物は、今すぐには結果が出なくても、子供や孫の世代にアトピーやガンのような病気が増えるなど、見えにくい形で影響が出てきます。

今の科学、技術をすべて否定するわけではありませんが、便利さや合理性ばかりを追求すると、自然や命を脅かしてしまいます。

摘み菜をしていると、水辺の菜も安心して摘みたいから、合成洗剤はやめておこうと、自然に思うようになりました。

摘み分ける知恵をつなぐ

去年、ツクシを摘みに行ったところが、今年行ってみたらアスファルトで固められていたりすると、「また一つ、宝箱が消えてしまった」と悲しい思いをします。

都会の暮らしの中で自然との付き合いが消えていくスピードは、すさまじいものがあります。個人が摘み菜の知恵を伝えていくだけでは、その勢いに追いつきません。

ワラビを製品として買うだけで、アク抜きの方法を知らない世代が続けば、将来には「ワラビには発ガン性物質が含まれている」という情報だけが残って、ワラビは毒草ということにもなりかねません。

私たちは「摘み菜ごころ」を次の世代につなぐために、1995年に「摘み菜を伝える会」を発足させました。「庭の雑草がごちそうに見えてきました」と笑う方、「クズの葉を見て、父母がクズの根を掘ってさらしていた子供のころを思い出したわ」と懐かしがる方など、仲間はもう200人を超えました。

今まで見過ごしていた、すぐそばの草木たちが命の糧だと気づくたびに、ほっと嬉しくなります。そんな摘み菜の楽しさと知恵を、より多くの方に手渡せたらと、摘み菜の出会いと手軽な料理法を一冊にまとめました。多くの人たちに野や街の草木たちと楽しく遊び、味わい、心のぬくもりを感じていただけたら幸いです。

あしたから、道で出会った摘み菜たちが、きっと、あなたに「遊ぼうよ」って、ほほえむでしょう。

本書を読むにあたり

■本書は2000年5月に、山と溪谷社より刊行された単行本『四季の摘み菜12ヵ月』のなかから、72種を抜粋して紹介しています。

■摘み菜（植物）名は原則としてカタカナ表記としています。

■データの項目について

分布は日本を中心に、採取時期は摘み菜として適する時期、薬効は次の文献や植物園などで調べました。種については2000年5月に出版された単行本の初版の分類体系のままにしています。原色牧野和漢薬草大図鑑（北隆館）、世界有用植物事典（平凡社）、日本の薬草（小学館）、薬になる草木424種（研数広文館）、原色日本海藻図鑑（保育社）、原色学習ワイド図鑑（学研）、国立民族学博物館、武田薬品京都薬用植物園、大阪府服部緑地植物園、大阪市立自然史博物館、各原産国総領事館など。

■摘み菜の分類月について

本書で紹介する摘み菜は、編集の都合により便宜上、月別に分類をしていますが、採取期間や利用期間など、必ずしも分類月に限定されるわけではありません。期間にはかなり幅のある摘み菜も多くあります。また、地域によっても季節的な差があります。本書の分類月に固執することなく、幅広くご利用ください。

挿絵　高橋　功

春

やわらかな陽を浴びた野は、摘み菜遊びの楽しさにあふれて

フキノトウ

春いちばんの贈り物。
香り漂うフキ味噌は重宝する一品

「冬眠から目覚めたクマさんが、いちばん初めに食べるつぼみ」というフキノトウ。私もこの小さな雪間の草に元気をもらいます。

3月初め、奈良県十津川村の友人から春が届きました。ハコベ、ヨモギ、フキノトウたち。お礼の電話をしたら、「きのう川べりを歩いていたら、小っちゃなフキノトウが出ていたので…」。さすが近年は暖冬らしく、寒風の当たらない家の陰のものは20cmにも伸びているとか。春萌えを見ると、私を思い出してくださるようです。

さっそく浅い器に水を張り、フキノトウを飾ります。眺めながら「春よ来い、早く来い…」と歌っていたら、友の来訪です。昼食は生のまま白味噌やみりんといっしょにすった「フキ味噌」をホカホカご飯にのせたり、二つ割りして揚げたり…。雪国育ちの彼女は「子供のころ、雪が解け始めて地面が見えるとうれしくて、下駄でトントンと踏んでみたわ。小さなフキノトウものぞいてた」。幼い日に戻った笑顔は輝いてい

種　キク科・多年草（フキ）
分布　本州、四国、九州
生育場所　日当たりのよい土手、野原
採取時期　葉は一年中、フキノトウは2～5月
薬用など　解毒、消炎、鎮咳

ました。

20㎝にも伸びた花穂たちは、コップに差して流しの前に。水を吸ってシャンとなると白くてほっそり型と、黄味がかってガッチリ型があるのに気づきました。本に「フキは雌雄異株」と書かれていたのは、この花の違いかもとドキドキします。一花ずつ「ちょっとごめん」と言いながらばらしてみると、50本余りのマッチ棒状の束でした。虫メガネをのぞいては図鑑で確かめます。糸状のしべの束で白い筆先みたいな雌花。マッチの先が五裂して黄色いしべがのぞく両性花。細部の観察で雌雄の区別がくっきり。何だか急に世界が広がった気がします。それからはフキノトウに出会うと、「あんたは女の子、こっちは男の子」って、話しかけながら遊んでいます。

ニュースで猛毒のハシリドコロの芽をフキノトウだと思い込んで、摘んで食べたと伝えていました。何度も摘んでいた場所でも、芽立ちのころはどの草たちも特徴がはっきりせず、食べるときは縦二つに割って確かめます。ハシリドコロは葉の芽ばかりですが、フキノトウなら中心に花の芽がどっしり座っていますから。

フキの花が終わると長い柄のついた丸い葉が育ち始めます。野生のフキの葉柄の佃煮は山里のなつかしい味で大好きです。見つけると二握りほど摘んで作っていましたが、あるとき「フキは採らないで」と、立て札に書かれていて驚きました。

土地の人の話では「最近、車で来てシャベルで根こそぎ掘っていく人が増え、暮らしが荒らされる」。自然の草木たちはその土地に生きる人たちの命なのだと気がつきました。

◆フキノトウのねり味噌

生でもいいが、さっとゆがくと苦みがやわらぎます。春の香りの重宝な添え味噌になります。

①フキノトウは外の土や黒くなった枯れ葉を除き、指先で砂をこすり落とすように水中で洗って四つ割りにする。
②熱湯でさっと塩ゆでし冷水にとる。
③②を細かく刻み、ゴマ油で炒め、粉かつお、赤味噌、みりんで調味する。

◆フキノトウの苞（うてな）巻き

花を包む苞状葉《ほうじょう》は黄緑色と香りが素敵です。苞状葉とは花たちを包んでいる葉のことです。

①フキノトウは長いのも水の中で逆さに振り、洗って皿に盛る。
②細切りのウナギの蒲焼きに味噌を添える。
③各自でフキノトウの周りの苞状葉を1枚ずつ外し、②を包んでいただく。

◆フキの花あられ

苞《うてな》で巻いて食べたあとに残るまん中の花たちも、クコの実と二色あられにしていただきます。

①花は一つずつ外し、花茎は5㎜に小口切りして水につけ、ザルに上げる。
②ビニール袋に水でふやかしたクコの実と①を入れ、半量の小麦粉を加えて袋の口をとじ、上下左右に振りながら粒の表面に粉をまぶし、10分おく。
③中温の天ぷら油にパラパラと振り入れ、色が鮮やかになれば上げ、敷き紙などで油切りをする。
④おつまみにしたり、そばや味噌汁、スパゲティなどに振りかける。

◆野摘みフキのこはく煮

ノブキ、トウゲブキとは別種。野摘みのフキを薄味でこはく色に煮た料理です。薄味なので5日で食べきりましょう。
①野生のフキの葉柄は細くて筋っぽいが、薄皮はむかず、3㎝の長さに切りゆでる。
②圧力鍋に①を入れ、刻みコンブと酒、薄口しょうゆ、水、チリメンジャコをフキの1／3量ずつと、みりん少々を加えて混ぜる。
③フタをして圧力をかけ、シューシュー吹いてから5分炊き、火を止める。

◆フキの葉の目張りおにぎり

①手のひら大のフキの葉を洗い、水気をふく。
②熱いご飯に前項のこはく煮を刻んで加え、一口大のおにぎりを作る。
③平皿にしょうゆとみりんを同量合わせたたれを用意する。
④フライパンにゴマ油を敷き、①を広げたまま軽く焼き、③の皿に裏面を浸してたれをつけ、②を包み込む。

頼りになるマメ科の代表菜。苦みもなく加熱すれば甘みも

野エンドウ

種　マメ科・一年草（カラスノエンドウ）
分布　本州、四国、九州、沖縄
生育場所　道端や野原
採取時期　3～6月
薬用など　胃もたれ、黄疸

「子供のころ、よくピーピー鳴らして遊んだわ」と、懐かしい草笛の主役になるのが、スズメノテッポウの茎とカラスノエンドウの実です。

カラスノエンドウは、野菜のエンドウをう～んと小型にした形をしています。真冬の北風の中で、この冬芽に出会うとほっとします。寒風をさけようと、小さな葉は2枚ほどしか付いていません。でも、立春のころ、暖かい陽を浴びるようになると、ぐんぐんつるを伸ばし始め、3、4月ごろ、野道の縁や田んぼのあぜ道の一隅に、緑の草がもっこりと盛り上がったように見えるのは、ほとんどこのカラスノエンドウです。

カラスノエンドウは、春の野山のいたるところに茂り、草丈は20～30㎝、スイトピーに似た小さな花をつけます。完熟すると実の入ったサヤが、カラスの羽根色になるところから、この名がついたのでしょう。もう少し小型のスズメノエンドウやカスマグサも含めて、「野エンドウ」と呼びます。

カスマグサの名前の由来もユニークで、花の色はカラスノエンドウに、花のつき方はスズメノエンドウに似ているところから、「カ」と「ス」の間《あいだ》の「マ」をつなぎ合わせて「カスマグサ」というわけです。

冗談みたいな話はさておきまして、これらマメ科の植物は、摘み菜の中でもとても頼りになる菜です。まず、種類が多いことです。1万8千種と言われており、種子植物の中ではキク科、ラン科に次ぐ大所帯ですし、モモやカリンなどのバラ科とも親戚です。一つは生食しなければ毒性が少ないことです。私の知っている範囲で毒性が強いのは、クララ、ジャケツイバラとエニシダとルピナスくらいです。二つ目はなによりも味がいいこと。摘み菜仲間の一人は、中国で食べた「豆苗」の味が忘れられず、日本へ帰ってきて野エンドウの芽先で試してみた料理は美味だったと言います。生では少々青臭い野エンドウも苦みはなく、少し熱を加えると甘みが出てきます。

さて、野エンドウは春を過ぎると固くなってきます。そのときはお茶や野草粉を作ります。一般的には植物が野にあるときは、根や茎、葉や花もすべてが一つの生命として生きています。私はこのことを「まるごといのち」としてとらえ、摘んだものをすべていただくことが、人と自然が共生するためのルールであり、自然の命をもらって、わが命をつなぐ上でとても大切なことだと思っています。

◆野エンドウのチャーハン

野エンドウの料理は芽先、葉、茎の固さに合わせ、調理方法を変えるのがコツです。手早く炒め、緑鮮やかに料理します。

①野エンドウの柔らかい葉とごく若いサヤを両手いっぱい摘み、細かく刻む。
②中華鍋を熱し、ゴマ油で豚ミンチ50gを炒め、塩、コショウで調味する。
③茶碗2杯の固めに炊いたご飯と①とベーコン、黒ゴマを加え、さっと炒める。しょうゆを回しかけて火を止める。皿に盛って花を散らす。

◆野エンドウとレンコンの白和え

野エンドウのほのかな甘さとレンコンの歯ざわりが楽しい一品です。

①レンコンは薄く切り、梅酢を振って煮る。
②野エンドウの芽先はさっとゆでる。
③ゆでて水切りした豆腐1丁、白ねりゴマ大サジ1、白味噌大サジ1をフードカッターで混ぜる。
④①②、戻したフノリを③で和える。

◆野エンドウのクルミ和え

①野エンドウの芽先3㎝を摘み集め、さっと塩ゆでにする。
②クルミは軽くいり、粗く刻み、皮は吹いて取り除く。少しは残ってもよい。すり鉢で軽くつぶす。
③しょうゆ2、煮切りみりん1、ダシ1の割で合わせ、②に加え、①を和える。

◆野エンドウのバターライス

①中華鍋かフライパンにバターとサラダ油を半々に熱し、2個分の溶き卵を回し入れ、ポロポロにいり、皿にとる。
②野エンドウの葉は柔らかいところを摘み集め、洗って水気を切っておく。
③②を①の鍋に入れて炒め、塩少々を振って緑を引き立たせる。
④米の1割増しの水で炊いたご飯に①と③をさっくりと混ぜる。皿に盛って花を飾る。

私の摘み菜料理を育ててくれた思い出の菜

ツクシ

種　トクサ科・多年草
分布　日本全土
生育場所　土手、造成地
採取時期　ツクシは3～4月、スギナは一年中
薬用など　利尿、止血、解熱

「ツクシ何なの、スギナの花」

兄妹でしたツクシ摘み、そして年上の従姉《いとこ》が作ったツクシの卵とじ、その楽しさとおいしさが、私の摘み菜料理を育ててくれました。春休みになると、私たち5人兄妹は、奈良の父の郷里へ帰ります。あぜ道を歩きながら、「あっ、ここツクシの行列や」。土手では下から見上げるように探して、「こ～んな長いの見つけた」。野イチゴやスカンポと違って、摘んだその場でおやつにはならないけれど、ツクシのやさしい色や形に魅せられて、みんな夢中です。

父の生家は農家で、従姉の家族が迎えてくれます。年上の従姉は学校の先生をしながら、フキやヒラタケの栽培をしたりと大忙しだけれど、ヨモギ餅やドジョウの甘辛煮、ツクシで一品などとても料理が上手でした。摘んだ草がたちまち、おいしいごちそうになる魔法をそばでよく見ていました。

私の摘み菜日記からツクシ小話を紹介します。

▼4月30日　京都へ摘み菜ウォッチングに行きました。茂ったスギナの緑の中に、長く伸びたツクシの先の胞子嚢《のう》が空になり、茶色く枯れたのが目立ちます。「ツクシ誰の子、スギナの子」と言うから、ツクシの背が伸びて大人になり、スギナの形になると思ってたという仲間。中部日本以北に自生するイヌスギナは、ツクシのときから茎が緑色で成長するとスギナ状になりますが、日本全土に多いツクシは種まき（胞子まき）専用、荒れ地や乾燥地でもスギナ家族は定住できるのです。

早春にまずツクシがたくさん出て、黄緑の粉状の胞子をまき子孫を増やします。同じ地下茎からスギナが伸び、葉緑素で光合成しながら増えていきます。数年これを繰り返し、そこがスギナの楽園になると、ツクシのお役目はほぼ終了で、春がきてもあまり姿を見せません。

▼5月20日　ラジオでスギナのお茶やふりかけの話をしたら、「摘み菜の会でふりかけを売っていますか」と、視聴者の方から電話です。摘み菜は自分で摘んで作るのが楽しい遊びなので、「スギナをご存知ですか」とたずねました。「子供のころ、ツクシやスギナの節を抜いて、どこどこ継いだ?って、継ぎ目を言い当てる遊びをしたから知っています」。おなじみさんなら大丈夫。ツクシがなくてもスギナでごちそうを作りま

しょう。

▼7月20日　朝、駅までの道すがら、1mもあるトクサの先がツクシの姿になっていてびっくり。そういえばスギナもシダ類トクサ科でした。「さすが何万年も生きてきた化石ね」と、シンプルな花姿に感動し指先で触ってみました。縦縞の溝がヤスリのよう…。ふと十数年前、手習いの三味線のバチが欠けて困っていたとき、お師匠さんからトクサの茎を湯に通し、干したものでこすれば、角が取れると教わりました。試してみて、とくさ=砥く草だと実感しました。

▼3月25日　ふと懐かしくて娘たちが小さかったころに、母子でツクシを摘んだ川べりを歩いてみました。堤はコンクリートで固められ、石板敷きの遊歩道が続いていました。

「ツクシ摘む　母子の堤　今はなく」

◆ツクシのうま煮

さっとゆで、胞子の苦みを流すとツクシご飯、卵とじ、鉢蒸しに重宝します。

①まずツクシの下ごしらえから。はかまの付け根を指でつまみ、もう一方の手で茎の

いちばん下を持ってクルクルと回します。はかまと茎の間に砂を抱いているので、全部外して水につけ、数回、胞子で黄緑色になった水を替え、ザルに上げる。
②①をさっとゆで、薄口しょうゆ、みりん、酒、ダシ汁を同量合わせた汁で3分煮る。

この「うま煮」を使った料理を3品紹介します。

ツクシご飯　うま煮をカマボコとともに3cmに切り、ご飯に混ぜ込み、仕上げに黒いりゴマを振る。

ツクシの卵とじ　セリやミツバは洗って2cmに切る。うま煮は煮たて、溶き卵をまわしかけて、用意したセリなどを入れ、フタをする。

ツクシの鉢蒸し　鶏がらスープ3カップ、溶き卵1カップ、塩小サジ1／2、薄口しょうゆ大サジ1、みりん大サジ1をよく混ぜる。次に大鉢に流し入れ、沸騰した蒸し器で約10分蒸す。表面がほぼ固まれば、うま煮を放射状に並べ、フタをして5分蒸らす。

◆ツクシの甘酢漬け

①酢1／2カップ、砂糖とすりゴマ各大サジ2、みりんと塩各小サジ1／2を混ぜる。
②下ごしらえしたツクシは酢を落とした熱湯でさっとゆで、ザルにとり、熱いうちに

①に一晩漬け込む。これをお寿司に散らしても楽しい。

◆スギナのふりかけ

①若いスギナは塩ゆでして刻んで水気をよく絞り、1割の塩をもみ込む。
②厚手鍋でパリッといり、オキアミ、白ゴマ、アオノリを加えて3分ほどいる。

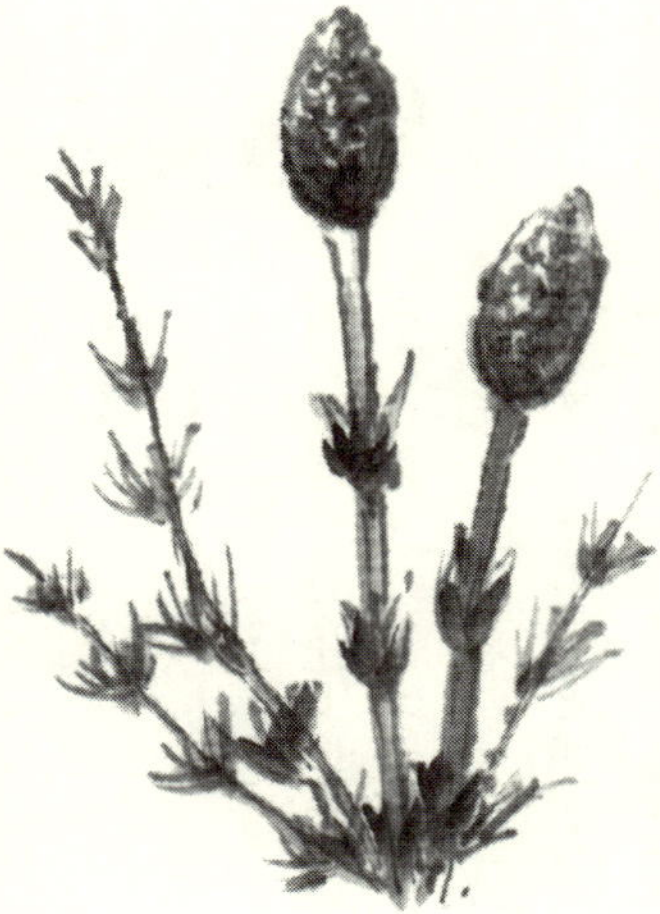

ヒメオドリコソウ

街に住む新顔の菜は新緑のポタージュでデビュー

種　シソ科・一年草（帰化種）
分布　日本全土（ヨーロッパ原産）
生育場所　道端、野原
採取時期　1～5月
薬用など　整腸

街で暮らしながら摘み菜を続けていると、かわいくて元気、そしてちょっとおいしい新顔の「街に住む菜」に会える幸せもあります。ヒメオドリコソウもその一つ。20数年前、京都の新興住宅地で初めて会ったその草は、春陽を浴びてすらりと伸びた長い茎先に菱形の葉が重なりあっています。造成地のあちこちに群れ咲く草に「あなた、誰？」。

帰って子供のころから愛用している日本植物図鑑で名前探しです。ピンクの唇形の花、四角い茎、対生の葉からシソ科だと目星をつけ、草の絵と一つ一つ見比べていきます。カキドオシの葉より小さくて長い。オドリコソウはもっと大きくて葉の出る間隔があいている。どうやら載っていないようです。30年前の日本では一般的な草ではなくて、今は繁殖しているとなると、外来種かもと帰化植物図鑑を開きました。

ヒメオドリコソウ。西欧原産で明治中期に渡来。東京や長野県では害草化しているとか。種が靴やタイヤ、工事の機械に付いて、全国に広がってきたパワフルな草たちです。都会の荒れた環境の中でも自力で生き、子孫を増やせる秘術、それはあの晴れても雨でも種作りする、ホトケノザ（293ページ）作戦でした。「若芽を食用に」と書かれていて、もう心はウキウキ。

最近は街のそこここで、シックな赤紫のチュチュ（バレリーナが着ける短いスカート）を着たこの小さなヒメたちが春風に踊っています。摘んだ一束はまっ白なティーカップがお似合いです。フワフワの温かい葉に触れると、なぜか湯気の立つパステルグリーンのスープが目に浮かびました。若い葉をそっと1枚口に入れると、緑の香りが「ミルクでトロリ味に」とささやきます。「口に残る繊維は炒めた玉ねぎでカバーできるね、きっと」。私も摘み菜と話します。夕食に娘たちがおかわりしてくれた淡緑のポタージュで新顔の街菜はデビュー！

「摘み菜ランチでおしゃべりしましょう」と、ご近所の仲良しさんを招かれる摘み菜仲間が語ります。一つ二つのヒメオドリコソウ揚げからも話が弾むとか。「この芽先のモシャモシャも天ぷらにするとモチモチしておいしいね」。そして、「うちの庭の草たちも食べられるか、一度見に来て」と、お呼びがかかるとか。「ナズナにハコベ、タンポポ、ノビル。あっ、これヤブカンゾウよ。ベテランといっしょに摘んで覚えたから見分けられるわ。それにこの前のランチで好評だったヒメオドリコソウ！」。庭が食べ物の宝庫と分かって、みんな嬉しいような、「でもこれからは草抜いて捨てられへんわ」と困ったような…。

大昔、インドから渡来したシソやダイコンたちも、こんな風にゆっくりゆっくりと人々の暮らしになじんでいったのでしょうか。

◆グリーンポタージュ

春の宴を彩るパステルグリーンです。牛乳を加えて煮すぎると分離しやすいので、気をつけてください。

①4人分として、ヒメオドリコソウの若い葉を四握りほど摘む。花の咲いている先の部分を飾り用に一人一つずつとっておき、残りはさっと塩ゆでする。
②細かく刻み、コンソメスープ2カップを加えてミキサーに1分かける。
③玉ネギ1個をみじんに刻んでオリーブ油で炒める。小麦粉大サジ4を振り入れ、②を少しずつ入れてのばす。
④牛乳2カップを加え、塩とコショウで味を整え火を止める。

⑤器に注ぎ、生クリームと芽先を飾る。

◆ヒメオドリコソウのナッツ揚げ

葉やがくのフワフワ毛にナッツの粒がうまくからまったおもしろいスナックです。

①ヒメオドリコソウは長い茎をつけて1人分3本ほど摘み、洗って水気を切る。
②ハトムギ粉（または全粒粉）1カップ、溶き卵1個分、刻んだピーナッツ大サジ3、水1／2カップを軽く混ぜ衣を作る。
③ヒメオドリコソウの長い茎の根元を持ち、茎先の芽と葉の集まった部分に②をからませ、長箸で衣を軽くしごく。
④中温の天ぷら油で衣がパリッとなるまで揚げ、紙の上に広げて油を切る。
⑤おつまみなら塩を軽く振る。おかずには刻んだカタバミの葉を散らした天つゆ（ダシ汁4、しょうゆ、みりん各1）を添える。

◆若草のトランプカナッペ

根元のスペード形、芽先のダイヤ形の葉を飾って、気分はトランプ遊び。

①甘い味には、クラッカーを並べ、カリンジャム（なければイチゴジャム）を塗り、

ヒメオドリコソウのスペード形の葉をのせる。花もあれば添える。
②辛い味には、5㎝厚さに輪切りにしたカブを並べ、表面に白味噌と刻みショウガを混ぜたショウガ味噌を塗る。若草色の葉でダイヤマークをつける。
③摘み菜酒や七福茶に添えてどうぞ。

◆アーモンド豆腐味噌仕立て

①ヒメオドリコソウを一握りゆでて水につけ、細かく刻む。
②ミキサーに①と水2カップ、吉野クズとアーモンドの粉を各1/3カップ、塩少々を入れ、1分間まわし鍋に移す。
③弱火にかけ木杓子で底から混ぜ、プリンプリンと泡が出てきてから、7分練って火を止める。水で濡らしたプリン型に5分目ずつ入れ、水で冷やす。
④昆布とかつおダシをとり、赤味噌を溶く。沸いたら火を止め、型出しした③に注ぐ。

秋に花咲く野菊、春の若菜は肌がつるつるで…嫁菜

ヨメナ

種　キク科・多年草
分布　本州、四国、九州
生育場所　多少湿った畦道、土手
採取時期　若芽は1～6月、花は7～10月
薬用など　解毒、解熱、鼻血

♪霜が下りても　負けないで
　野原や山に　群れて咲く
　優しい野菊　うす紫よ…

日本の秋の野を彩る代表的な花として、歌にも歌われ、親しまれている野菊の標準和名はヨメナです。私は秋風に吹かれて咲く、小さな野菊たちが大好きで、咲くのを待ちかね、摘んできては卓上に2、3本飾ります。

若菜は柔らかくて香り高く、おいしいヨメナですが、芽立ちのころは、意外と摘み分けが難しい菜です。

初夏のころにも日当たりのよい田んぼのあぜ道を歩くと、20㎝ぐらいに伸びたヨメナに出会えます。葉の縁はギザギザして、長いだ円形。茎は赤みがかり、摘むとキク科特有の香りがします。ヒメジョオンやアレチノギクは、姿は似ていますが、これら

は葉が毛深いことで区別ができます。

小さいころ、母といっしょに参加した植物観察会で、講師の先生が「葉の表面が嫁さんの肌のように、つるんとしていて、艶のあるのがヨメナ（嫁菜）です。それに比べて、ちょっと毛があってザラザラした感じがするのが、ヨメナの親戚のノコンギク（野紺菊）です。この新芽もヨメナと形も香りもよく似ていて、菜飯にします。花が咲いたら区別しやすくなります」と、指先で薄紫の舌状花を、ピッと引っ張って抜き、「ほら、花の横にある冠毛が長いのはノコンギクで、ほとんど見えないのはヨメナですよ」と、教えてくださいました。

幼い私は、先生のルーペをのぞき込んで「野紺のコンはキツネさんの鳴き声かな？葉っぱの毛も花についている長い毛も、キツネさんの毛みたいやから、きっとこんな名前がついたんやわ」と、一人で納得してしまいました。この話は印象に残るようなので、摘み菜ウォッチングでもよくします。

宝塚市が主催する「花と緑のフェスティバル」に、摘み菜の会の宝塚セミナーの仲間が、50人分のヨメナご飯を提供したときのことです。いつもするように、生の姿を知ってもらおうと展示してあったヨメナを見て、「私、ベランダのプランターでミヤコワスレを育てているんです。こうしてみるとヨメナととてもよく似てるんですが、同じように使えますか」と聞く方がいました。あちこちの講習会でもよく出る質問で、私も同じように思ったこともあり、庭のミヤコワスレを味わってみたことがあります。かんでいるうちに、口の中にじわじわと苦みが広がりました。同じキク科なので、毒ではないけれど「これはアク抜きに時間がかかりそう」と、料理するのはパスして、もっぱら花を飾って楽しんでいます。

「ヨメナの柔らかい芽先を二握りも摘んで、手ざわりや香りにすっかりなじんだから、ほかの草と摘み分けできるようになった」と喜ぶ人も。

摘んだヨメナはすぐに塩ゆでし、水に20分ほどさらすと、アクが抜けておいしくいただけます。

◆ヨメナとイカのスパゲティ

若い人たちにも親しみやすい和風香草感覚でヨメナをたっぷり使います。

①ヨメナはさっとゆでて水にさらす。細かく刻んで塩をまぶしておく。
②スパゲティはたっぷりの湯で塩ゆでにする。
③イカの胴を輪切りにし、酒と塩、ショウガでいりつけ、ヨメナを半量混ぜる。

④スパゲティを器に盛り、残りのヨメナを散らして、③を中央にのせる。

◆ヨメナご飯

万葉人は「うはぎ」と呼び、好んで食べたそうです。摘み菜ご飯の基本をマスターしましょう。

①ヨメナを両手いっぱい摘んで細かく刻み、さっとゆで水にさらす。
②軽く水気を絞り、炊きたてのご飯に切るように混ぜる。
③茶碗に盛り、梅やボケ、カイドウなど季節の食用花を飾る。

◆古今スズシロ焼き

ヨメナの根は清くて白い。スズシロは漢字で「清白」と書き、根が清くて白い菜。いまでは大根ですが、古くはヨメナを指したとも言われています。

①ヨメナ（古スズシロ）の若葉を摘み集め、さっと塩ゆでし、水にさらす。
②大根（今スズシロ）を5㎜の薄い輪切りにする。フライパンで焼いて焦げ目をつけ、甘辛いしょうゆに漬けておく。
③刻んだピーナツを入れたナメ味噌を②にのせ、①をはさみ、半月に折る。

テングサ

トコロテンの原藻は浜辺で拾う。千年も前からの知恵

種　紅藻類・テングサ科
分布　日本近海
生育場所　黒潮当たる海中の岩上
採取時期　3～8月
薬用など　便秘、整腸

淡路島育ちの摘み菜仲間は、テングサ集めのことを、「トコロテンを拾う」と言います。「えっ、摘むのではなく拾うの？」「あのゼリーみたいなツルンとしたトコロテンが落ちてる訳じゃ…」と、まわりは不可解な顔。

その彼女と、三重県への「磯菜を訪ねる旅」で、待望の浜に出ました。「ほら、トコロテンいっぱい落ちてるよ」と、小石の上で白く色あせて乾いた海藻を拾い、砂利を払います。図鑑でしかテングサを見たことのない私たちは、彼女おすすめの白く色落ちしたのも拾うけど、「やっぱり紅色のが新鮮かも…」と、波打ち際のテングサも見逃せません。「湿って重いし、砂ついてたら手間がかかるよ」と言う、彼女の助言など何のその、初めてテングサと出会い、わが手で拾えるとあって、みんな夢中です。当然、帰りの荷物はずっしり、おまけに「紅色だと1時間以上炊いても寒天質は抽出せんよ」と、海藻店の人の話にがっかり。

藻から貝殻や砂を除くのに丸2日。そして紅色のテングサを水につけては日に干してを7日繰り返して脱色。やっと10日目にうれしやトコロテン作りとなりました。「そやから、浜の雨と日でさらしがすんだのを拾うんやね」。彼女が小さいころから拾っていた浜のトコロテンとは、天然浜ざらし完了の即製トコロテングサだったのです。

いったい誰がこんな発見をしたのでしょう。千年以上も前の賦役令《ふえきれい》に「阿波の国より擬海草《こるもあ》」とあります。凝固する海の草の記録が見られ、正倉院宝物文書中には、写経生に「心天」を給食したともあります。心天は古々呂布止《こころぶと》の俗字で、以降は心天と書かれています。古くからなじまれたトコロテンが室町のころのある寒い夜、凍ってしまったのが寒天の発明につながったそうです。

トコロテンやそれを凍らせて作る寒天の原藻が、日本各地の浜辺で拾えると分かってから、私の浜歩きはますます楽しくなりました。

春の日、大阪・泉南の浜で7、8歳の男の子が、波打ち際で腰をかがめています。テングサ拾いのようです。未だによく似た紅藻《こうそう》と判別しにくい私は、足元のテングサらしきものを5つほど拾い、その子にたずねます。「これみんなテングサ?」。男の子はいとも簡単に「これとこれがテングサ」と選びます。「どこが違うの?」。その子は少し考えて、「何でか分からんけど、これはテングサで、これは違うねん」。どうも勘で分かるようです。「いつもおばあちゃんについて拾ってるから」と話します。浜の子たちのテングサ拾いは、山育ちの子のシイの実拾いと同様、即時判別です。都会の子も走りゆく車の名前を次々に言い当てるように、住んでいる場所で小さいころからなじんだものは、理屈より五感で覚えているからなのでしょう。

◆お手軽トコロテン作り

テングサ科の中のマクサがもっとも寒天質を多く含みますが、ヒラクサ、オバクサ、オニクサなどでもできます。

①テングサ科の海藻をザルに入れ、水につけては天日に干して乾かし、紅色がすべて黄白色になるまで繰り返す。

②鍋に①を60gと水2ℓ、酢大サジ2（寒天質を早く抽出するコツ）を入れ、クツクツと20分ほど煮る。

③トロッとなればバットの中にザルをおき、水洗いしたふきんをのせてこす。

④ザルの藻と水1ℓ、酢大サジ1で30分煮てこし、③④の液を合わせて、1・5ℓにする。不足分は水を加える。

⑤常温で固める。冷蔵庫では舌触りや透明感が悪くなる。
⑥棒状に切り、トコロテン突きで細長く突き出す。黒砂糖蜜や赤シソジュース、木の芽酢味噌、辛子酢じょうゆなど、好みのものをかけていただく。

◆海のあけぼの天

トコロテン液に海岸性のヤマモモのお酒で色と香りづけします。
①前項の③④でこした液4カップを10分ほど煮つめる。
②ヤマモモ酒または赤ワイン1カップとマーマレード半カップを加えて、ムラなくかき混ぜ、ゼリー型に流す。
③バットに水を張って、冷し固める。
④1人分ずつ、白無地の皿に三温糖小サジ1を砂浜のように広げ、その上に③の型を伏せて、中のトコロテンをバターナイフなどで外す。
＊ヤマモモ酒　海岸近くの山に自生するヤマモモは、初夏に雌株に親指先大の丸い実が暗紫色に熟す。洗って1日干し、実の半量の氷砂糖と3倍の焼酎に漬ける。半年以上、冷暗所で熟成させると甘酸っぱい鮮紅色の芳香酒ができる。

◆磯の三彩かん

①小エビは背から2枚にそぎ、背ワタを除き、酒と塩少々で軽く酒いりする。

②ハマシロザ、またはオカヒジキは洗ってさっと塩ゆでし、細かく刻む。

③干ヒジキは水で戻してみじん切りにする。

④ボウルに①②③を入れ、その5倍量のトコロテン液（少しさまして）を、具がまんべんなく散るようにかき混ぜながら流し缶に注ぎ、水で冷やす。

⑤流し缶から取り出し一口大に切る。

⑥ユズ皮のみじん切りと白味噌、みりん、ユズ汁を同量合わせたユズ味噌を皿に敷き、⑤をのせる。

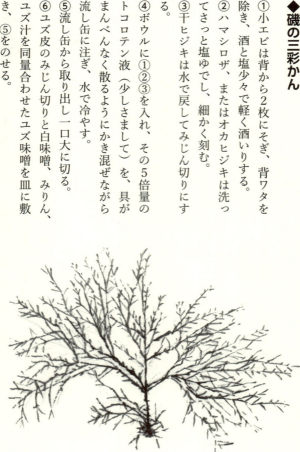

在来種減り街菜の外来種も利用、固い繊維を工夫して
オオバコ

種	オオバコ科・多年草
分布	日本全土
生育場所	草地、道端
採取時期	一年中
薬用など	鎮咳、消炎、十二指腸潰瘍、動脈硬化

昔の人は道に迷ったとき、オオバコの生えているところをたどったと言います。オオバコは種に、人の靴の裏や車輪によく付く粘液があり、人の通った道やグラウンドなどにたくさん生えます。そのため、人の踏み込んだ証のオオバコの道をたどれば、やがて人里に出られることを経験的に知っていたのでしょう。

草丈に似ず大きな葉を持ち、細長い穂先にたくさんの種子を付けるので、大葉子《おおばこ》と呼ばれ、全国的にあちらこちらでよく見かけます。

在来種のオオバコの他に、最近では花が自家受粉するツボミオオバコや葉がヘラの形をしているヘラオオバコが都会に増えて、在来種のオオバコがどんどん少なくなっています。

どのオオバコも同じように、茎葉は消炎、痰切り、種子は下痢止め、利尿作用があるということなので、私はむしろ、ツボミオオバコやヘラオオバコなどの街菜（街な

かで簡単に摘める菜）をどんどん利用しています。

アクは少ないですが、繊維が固いので、おいしく料理するには繊維を細かく切るか、全体をぱりっと仕上げるようにするのがコツです。繊維が固すぎて、おひたしなどには向きません。

◆オオバコのしっとりふりかけ

①オオバコの花穂と葉はさっとゆで、花穂はしごき、葉はみじん切りにする。
②塩コンブ、紅ショウガのみじん切り、チリメンジャコをゴマ油でいりつける。
③①としょうゆ少々を混ぜ火を止める。

◆オオバコのパリ煎

①オオバコの葉は洗って水気を拭く。
②皿にしょうゆ大サジ2、みりん大サジ1、七味少々のつけ汁を作る。
③フライパンにゴマ油をしき、弱火で①の両面をパリッと焼く。
④②のタレを付けて、もう一度乾かす程度に焼く。

◆オオバコのあかねご飯

①オオバコの大きめの葉と花穂を摘む。
②葉身を一人3～5枚皿に盛る。
③葉柄は細かく切り、花や実は茎からしごき取り、オリーブ油で炒める。
④すりおろしたニンジン、アーモンド粉を加え、塩、コショウで味付ける。
⑤熱いご飯に④を混ぜ、小さく一口大に握る。
⑥②で⑤を巻いていただく。

◆オオバコの全草茶

①外来種のツボミオオバコやヘラオオバコを使用。花が咲いたら全草を抜き、根元を裂いて水でよく洗い、天日に干す。
②4、5㎝に切り、弱火でじっくりいる。クローバーやクズの葉もいっしょに干して加えれば味が柔らかい。最近の外来種はすごい繁殖力なので、根ごといただこう。

ツバキ

ピンクの大輪の花びらで手まり寿司が誕生

種　常緑樹・ツバキ科
分布　本州、四国、九州
生育場所　自生種は海岸近くの山地
採取時期　花は1〜4月
薬用など　滋養強壮、便通、養毛

京都の丹後半島に摘み菜がご縁でお付き合いをしている加悦《かや》という町、ここには千年椿（推定樹齢1200年）というヤブツバキがあります。「一度、花のころに行ってお花見をしたいね」と話していますと、摘み菜仲間からは「ツバキってどんな味かしら」という声が出ます。

千年椿の花にはまだ対面していませんが、大阪のツバキの花びらをそっとかんでみました。残念ながらえぐみが後まで残り、天ぷらにしか向きそうもないので油で揚げてみました。えぐみは抜けたものの、鮮やかだった色は黒ずみ華やかさがありません。次に甘酢漬けを試しましたが、ゆでて1週間水にさらしてもえぐみが抜けません。

何とかツバキを料理に生かす知恵はないものかと思いながら、ツバキ園巡りをしました。日本の自生のツバキにはヤブツバキやユキツバキがあり、ヤブツバキは海岸近くの丘陵や山地に自生しています。園芸種のツバキはヤブツバキやユキツバキを掛け合わせて作られましたが、直接それらに由来しないものや起源の分からないもの、雑種起源のものも含まれ、国内で1300品種、欧米では1万種を超える品種があるとのことでした。

そんな説明を聞きながら、摘み菜仲間と歩いていると、大きな花びらでアメリカ産八重咲きの、ピンク色したツバキの花がポトリと落ちました。「これなら料理に使えそう。サザンカも淡い色のものの方がアクが少なかったよね」。それに大きな花びらだとご飯を包むのに使いやすいのです。彼女たちがあれこれ工夫して、その大輪のピンクのツバキの花びらで手まり寿司が誕生しました。

大輪のツバキは食べるためにはいいけれど、私が好きな風情はやっぱり、ヤブツバキやワビスケの可憐な姿。そこで料理の盛りつけや食卓にさりげなく一輪の小さなツバキを飾ります。

◆花ツバキのゼリー

①ツバキの花は酢を落とした湯で1分ゆで、芯をつけたまま花びら2、3枚ずつに裂く。1週間ほど水にさらす。

②苦みが抜けたら、レモン汁、オリゴ糖に漬け、花蜜を作る。
③棒寒天1本を砂糖少々、水2カップで煮溶かす。500ccの牛乳を加え、グラスに注いで固める。②を飾る。

◆**春風ティー**

①ツバキの葉は1cmに切り、10日干す。厚手鍋で弱火で30分炒る。
②1人1カップの水に①とウイキョウの茎、無農薬ミカンの皮を入れ、沸騰後、フタをとって5分煎じる。

育つ環境で水セリや田ゼリと呼び分ける

セリ

種　セリ科・多年草
分布　日本全土
生育場所　川、池、田の湿地
採取時期　1～5月
薬用など　去痰、食欲増進、入浴剤

「このセリ、柔らかくておいしい」。秋田育ちの摘み菜仲間の心づくし、きりたんぽ鍋を囲んで冬の宴。30㎝ほどのセリはお郷里《くに》で冬の田に、水を張って育てた水セリだとか。「白い根も食べて」と勧められ、格別のシャキ感に驚き、セリは別名、根白草ということも知りました。

別のザルには彼女の親友たちが摘んだ野生の田セリ。小柄ながら寒風の中で生きるエネルギーが高く香ります。同じ種のセリが育つ環境でまるで別種のように見えるのですね。

万葉のころから食されていたセリ。でも似た毒草もあるらしい。仲間の一人が「僕、おばあちゃんと摘んだから大丈夫。初めは面倒やったけど、晩ご飯に摘んだセリがおかずになってて嬉しかった。懐かしいな」。でも街育ちの人は「セリに混じってる毒草と見分けるの難しそう、やっぱりセリは買うわ」と慎重です。「それじゃ、この由緒正しいセリの根を少し植えてみたら？」という名案に、その家のプランターはセリ畑になりました。朝な夕なに水やり声かけ、伸びた葉はお汁に浮かし、夏に咲く白い花はレースフラワーみたいとほめそやし、数年をセリと暮らした彼女、今じゃ、「これはセリと違うわ。ほら、茎に毛が生えてて、青臭いから毒のキツネノボタンよ」と、新しい仲間に話します。植えて見て触って食べれば安心菜です。

ところでセリとは幼なじみの私も、猛毒の毒ゼリを見たことがないころは、いつもビクビクしていました。学生時代、クラブ仲間と「道草鍋」をすることになり担当は私に。今までの自分だけの草遊びから、友だちのお腹とお命を預かる大役です。図鑑には毒ゼリは50～100㎝にもなるオオゼリ。多年草だが種から芽が出ることもあると記されています。だから、養分の多い溝で50㎝にも伸びたセリ、細い感じのセリの芽を見るにつけ、毒ゼリかもと、摘む気にはなりません。初めてのセリの群生地を見つけても、「淑女、危うきに近寄らず」でした。

でも、このままではずっと「毒ゼリ知らずば、安心得ず」になります。全身で毒ゼリ情報キャッチのアンテナを出しながら、京都のある沼地のほとりを歩いていたときです。見慣れたセリに混じって背の高いセリが…。「毒ゼリだ！」とピンときました。急いで根元をかき分けると、竹の地下茎に似た節のある根、その節から芽が出ています。図鑑と照合するとやっぱり毒ゼリでした。すぐ横のセリの根元は？と探ると、白いヒゲ根だけ。これは食用セリ。その隣のは竹状の根で毒ゼリ、その前のは白い根だけだからセリ…。夢中で根元調べを続けていくうちに、小葉が切れ長の細いのは毒ゼリだと、地上部の草姿だけで見分けがつくようになってきました。

猛毒で食べると危険な毒ゼリを摘まないコツは、まず、セリだけを経験豊かな人と摘み、暮らしの中でなじむこと。育てたりコップに差して眺めたり、絵に描いたりします。セリを覚えたと思っても、摘みながら何となく手触りが違うかなと感じたら、摘まない勇気も必要です。

〝摘み分けに早道はなし、地道ゆく〟

◆セリの香り豆腐

競り合って生えるからセリ。たっぷりの葉先で作る摘み菜の定番です。

①セリは5人分で三握りをさっと塩ゆでする。

②細かく刻み、水2カップ、ねりゴマとクズ粉各大サジ3、塩と酒少々をミキサーに入れ、1分まわす。

③厚手鍋に移し、中火で15分練り、広口の湯飲み五つに分け、室温で冷ます。
④鉢にあけて麺つゆをかけ、豆板醤を少々のせ、セリの生葉を飾り添える。

◆きりたんぽ鍋

秋田では大館比内鶏の鶏ガラをじっくり煮込み、コラーゲンのよく溶け出したスープを用います（豚なら豚足を使う）。野菜ではセリ、ゴボウ、マイタケが欠かせません。
①鶏ガラスープはしょうゆ、塩、酒で味付ける。
②きりたんぽは半突きした飯を濃い塩水で手を濡らし、割り箸に握りつけ、ホットプレートで焼く。熱いうちに箸をねじって抜き、斜めに二つに切る。
③地鶏、ささがきゴボウ、マイタケ、長ネギ、糸コンニャク、薄揚げなどを鍋に入れ、煮たてる。
④きりたんぽと根つきのセリ（根と茎は切り分けておく）を入れながらいただく。

半突きの飯を2㎝ほどの玉に握り、その飯にショウガやユズの皮、ブロッコリーの外皮をゆでてみじん切りにしたものなどを混ぜても、彩りや香りがついて美味。

◆セリの即席和え

早春の柔らかい部分なら生のままでも。５月以降のセリは虫が付きやすいのでさっとゆでて使います。

①セリは三握りほどを洗って３㎝に刻む。ネギのみじん切りを加えても可。

②大きなボウルにしょうゆ、味噌、酢、みりん、ゴマ油、すりゴマを各大サジ２ずつ合わせ、①を入れて手で上下しながら混ぜ、なじませる。

③いただく前に好みで唐辛子を振る。

サクラ

春の花見から秋色の落葉まで、一年中、頼りの菜

種　落葉高木樹・バラ科（サクラ全般）
分布　日本全土
生育場所　山地、海岸林
採取時期　3〜11月
薬用など　解毒、排膿、咳止め

春にはサクラの花便りが聞かれますが、摘み菜仲間からは一年中、「サクラが頼り」のお便りが届きます。お花見がすんでも、5月の若葉や実、秋色の葉や小枝も拾い集めてサクラ遊びは続くのです。

▼4月19日　万葉の摘み菜を訪ねて、サクラと湖のまち・岡山県旭町への旅。

「春雨に争いかねて　わが宿の
　桜の花は咲きそめにけり」

気分はすっかりいにしえの人でした。町のつくし会で作られたサクラの花の塩漬け。春野に摘んだヨメナの緑に映えて、温かい吸い物椀に八重サクラが花開きます。「一重咲きでもできますか」。八重は実がならないから花ごと摘むけど、一重なら散る花びらを集めて梅酢付け、「白湯にちょっと浮かせば散りそめ、たくさん散らせば花吹雪」と、春風になってこの夢見草と戯れます。

▼5月25日　摘み菜の旅や催しを企画したり、摘み菜の写真を撮り続けてくれた摘み菜の仲間が、小瓶に入れた濃紫の実を見せます。「4月に白いサクラの花が咲いてた木に、こんなサクランボ見つけたよ」。プリンの上に飾られる、あの果物のサクランボではなくて、小指の先ほどで黒豆色の丸い実が二つ三つ、長い柄の先についています。「葉はこれ、毒の実じゃないよね」と、念のために添えられた葉を見て、セミナー仲間が言います。「桜餅を包んだあのオオシマザクラですよ。桜並木に多いソメイヨシノは、実のふくらみが小さくてマッチ棒みたいだし、ちょっと苦いの」。さすが、毎朝愛犬を散歩させて鍛えた木の観察眼はたいしたもの。「じゃ、安心してこの実のお酒を漬けよう。僕は甘みは要らんわ」と、嬉しそうです。でも、熟成を促すために実の3分の1ほどの砂糖は必要です。それに35度の焼酎を実の3倍注ぎ密閉します。

「直射日光の当たらない場所に置いてね」。翌春、その「実桜ワイン」はサクラニンの芳香と甘さが熟成した華麗な味わいでした。

▼11月1日　山装う紅葉を楽しんだら、ヤマザクラの紅葉はふりかけやお茶にします。手作り燻製にチャレンジする人はせっせとヤマザクラの小枝を拾います。もちろん、サクラ独特の木肌を確かめて。有毒のアセビやウルシと間違わないように。「上底を取った一斗缶の中で、小枝で肉やチーズを燻します。炎が出るとチーズが溶けるので、

香りがつくまで、5時間はそばを離れません」。そのサクラで燻したスモークを一口いただくと、なぜか山小屋に到着したときの、あのほっとした気分になりました。

◆サクラの花の梅酢漬

一重咲きでもできますが、八重ならサクラ色がきれいに仕上がります。

①花を水に浮かして洗い、ザルにとる。
②塩を白くなるぐらい振り、軽く重石をする。水が上がれば軽く絞る。
③梅酢（白、赤どちらでも）を注ぐ。

◆サクラの若葉の塩漬け

桜の中くらいの葉を5月ごろ、殺虫剤散布のない数本の木から摘み集めます。

①葉を洗って、水気をていねいに拭く。
②水と塩を各1カップ混ぜ、煮溶かす。
③①を10枚ずつ重ね、中央の主葉脈を折り目に縦二つに折り、ビンにきっちりと詰める。

④よく冷めた②を葉が液から出ないようにゆっくり注ぎ、冷蔵庫で保存する。

◆サクラの花びらの蜜漬け

薄紅色に戻ったら、冷凍保存しておきましょう。

①花びらは水洗いしてザルに上げる。
②熱湯を回しかけ、軽く押して絞る。
③オリゴ糖液にレモン汁を絞り入れ、よく混ぜてから②を漬ける。

◆江戸風桜餅

①水500ccを沸かし、さらしあん150gを加え、火を一度止める。
②砂糖150gを2回に分けて入れ、弱火にかけて練る。鍋底が常に見えるようになれば、あんのできあがり。冷めたら20等分して長俵型に丸める。
③白玉粉60gと80ccの水で溶く。
④砂糖大サジ3と水200ccを火にかけて溶かす。
⑤小麦粉90gと③④を合わせ、油を薄く敷いたフライパンで小判形に20枚、サクラの花の蜜漬けをのせながら弱火で焼く。

⑥⑤が冷めたら②のあんを巻き、さらに塩を一度洗い落としたサクラの葉で包む。

イタドリ

愛称多い山菜のレギュラー菜。固い雄株も私には宝物

種　タデ科・多年草
分布　日本全土
生育場所　山野、土手
採取時期　3～11月
薬用など　抗菌、気管支炎

「土手のスカンポ、ジャラサワサ」イタドリ摘みの風景を思い浮かべると、自然とこの歌を口ずさみます。そういえば、イタドリのことをスカンポって呼んでた懐かしい子供のころ。聞き覚えたこの歌の「ジャラサワサ」ってどんな意味なのか、分からず、ちょっとリズミカルな囃し言葉くらいに思っていました。でも歌うたびに何となく気にはなりながら…。

あるとき、友人から「インドネシアのおみやげよ、これ、ジャワ更紗《さらさ》」といただいた布を見て、ふと気づきました。「スカンポの浅緑の葉や茎にある紅紫色のまんだら風を、このジャワサラサの模様に例えた歌だったんやわ」。

タケノコ状に生え出すイタドリをゴマ和えにしようと、ポコンポコンと手折っていたら、新しい仲間から質問です。「私の郷里ではスイバのことをスカンポって呼びますが？」。スイバもイタドリも蓚酸《しゅうさん》を含み、かむと酸っぱくて顔をしかめるから「酢《す》か

む坊《ぼう》」。愛称って、その摘み菜の個性をうまく表していますね。塩漬けして一年中食べる山菜のレギュラーらしく、各地でイッタン、ダジイ、ドングイと様々な愛称でなじまれています。

「長くて太いの見ーつけた！」と摘みかけると、「太いのはヘビが入っているって」と、年長の子からダメが出る。思わず手を引っ込め、そばの細くて短いので我慢した経験はありませんか。

大人になり、「イタドリの茎は節で区切られていて、ヘビなど入るわけがないのに…」と、太茎を水にさらしながら考えました。「痛み取り」に由来するイタドリも、生では蓚酸の刺激が強く、多食は下痢を引き起こします。この言い伝えには子などへの母心を感じます。

さて、一般には細くて固いと敬遠される雄株のイタドリも私には宝物です。春には皮ごと薄く刻んでサラダで楽しみ、茂った葉は冷や奴やお刺身に敷きます。北の地方に多いオオイタドリの広い葉なら、わらび餅を盛る葉にも、夏は小花が集まって咲く白妙の一枝が涼風をお部屋に招き入れます。

やがて秋、雌株に実った翼のある種が弓状にしなった枝に群れてつき、秋風に乗って次々と旅立つでしょう。

◆イタドリの芽先フライ

トロリとからまったチーズソースがイタドリの酸味をまろやかにします。

①葉つきの芽先5、6㎝は洗って、水を切り、小麦粉と粉チーズを振る。
②①をトンカツソースにくぐらせて、パン粉をまぶし、中温の油で揚げる。

◆細茎イタドリのマカロニサラダ

煮物には不向きな細いイタドリも、刻んで水にさらせば、すぐに使えます。

①若い葉は細切り、細茎は小口から薄く斜め切りにし、水にさらす。
②甘酢漬けのラッキョは小口から刻む。
③ソフトサラミは千切りにする。
④①の水気を切り、ゆでたマカロニと②③を辛子マヨネーズで和える。

◆太茎イタドリの煮付け

太い部分は煮物がおいしい。①②のあと、塩漬けにすれば、長く楽しめます。使うときは水で塩出しをします。

①イタドリの太い茎のところは熱湯に入れ、色が変わったところですぐに引き上げ、水につける。これがコツ。

②①を斜めに切り、酸味がなくなるまで水にさらす。または一晩水につける。

③かつおのダシ汁2カップ、しょうゆ大サジ5、酒大サジ3、砂糖大サジ2、みりん大サジ1、ゴマ油大サジ1で煮汁を作り、厚揚げ（または さつま揚げ）をよく煮含める。

④②を加えて約3、4分煮る。

◆太茎イタドリのピクルス

ハーブにも詳しい摘み菜仲間のオリジナル料理。酸味と香りが見事にマッチした一品です。

①鍋に酢700ccと砂糖400gを入れて煮たて、冷ましておく。

②親指の太さ以上のイタドリは皮をむいて、さっとゆで、水につける。

③熱湯消毒したビンに②を入れ、好みの香辛料（例・ローリエ1枚、クローブ5粒、粉コショウ10粒、タカノツメ1本など）を加え、冷ました①を注ぎ入れる。

スミレ

万葉の「須美礼」もまだ元気。ひと花でみんな乙女の顔に

あるとき、摘み菜仲間がスミレの移植計画の話をしてくれました。小学校4、5年のころ、一度は野から、もう一度は友だちの家の庭から自分の庭へと。スミレが「連れて帰って」と言っていたそうです。

「そのスミレは今どうなっているの？」と聞くと、お母さんの庭の設計図と合わなかったそうで、数年前に抜かれてしまったとのこと。今でも似たことはあるらしく、「せっかく近くの空き地にアケビの種をまいたのに、私に無断で整地されてしまった」と、この前も言っていました。

スミレの名は花の形が、大工さんが使う墨入れに似ていることから付いたと言われていますが、相撲取り草という別名もあります。「花首をからませ引っ張りっこしたね」と、思い出す人もいますが、町で育った私は幼いころからスミレには特別の想いを持ち、スミレの花を摘んでは小さな花束を作り、少女の世界に遊びました。

種　　　スミレ科・多年草
分布　　日本全土
生育場所　日当たりのよい野山、道端
採取時期　3〜5月
薬用など　腫れ物

スミレというのはスミレ属の総称とばかり思っていたのですが、日本に古くからあり、葉の柄に翼を持つ「スミレ」が、万葉集に詠われている「須美礼（すみれ）」だと知って、うれしくなりました。

ところで、実際にこのスミレに出会ったのは、ダンプカーが往来する国道のアスファルトの割れ目。摘み菜をしていると日本の在来種が、外来種に住みかを追いやられるところばかり見かけるので、こんなところで日本固有種のスミレに会えるなんて意外でした。スミレの実はアリの大好物で、タンパク質いっぱいの果肉を食べ終わると、巣穴の出口に種を出し、それが花咲いたようです。

今も摘み菜料理の上にスミレのひと花がのると、みんな乙女の顔になります。でも、残念なことにパンジーや洋種のニオイスミレは、種や根が有毒なので、ながめて楽しんでいます。

◆スミレの花ご飯

①スミレは根を傷めないようにそっと押さえて、お客様の数だけ花をいただき、水に浮かべてさっと洗う。

②イヌガラシの葉や黄色い花穂を摘み、塩ゆでし、細かく刻む。
③千枚漬けを刻み、②とともにご飯に混ぜ、いただく前にスミレの花を飾る。

◆スミレのミルクゼリー

①牛乳でゆるめのゼリーを作り、グラスに流して冷やし固める。
②グレープフルーツを軽くつぶし、オリゴ糖を加えてソースにする。
③ソースを①にかけ、スミレの花と小さめの葉を飾る。

ノヂシャ

サラダにおすすめの野原のチシャはヨーロッパ原産

種　オミナエシ科・1、2年草（帰化植物）
分布　日本全土（西欧原産）
生育場所　河川の土手、造成地
採取時期　3～5月
薬用など　ハーブのマーシュの野生種

阪急神戸線の近くを流れるある川で早春の摘み菜ウォッチングをしました。セミナー生の一人が、まだ芽が出たばかりの、地面に張りついたような小さな草を見つけました。「あ、こんなところにも、ノヂシャ！」。その声にセミナー生が駆け寄ってきました。というのも、さっきまでノヂシャの話で盛り上がっていたからです。「野原のチシャというだけあって、柔らかい葉がたくさんつくのよ」「癖がなくって、サラダに使いやすい葉っぱよね」「4月ごろに咲く花が可愛いの」「でもね、オミナエシ科の特徴で根っこが臭いよ」「この川にはノヂシャはなかったよね」と、話していたところだったのです。

彼女が見つけた苗はまだ、直径3㎝ぐらい。私も外見だけではノヂシャに間違いないとは判定できません。タチチチコグサかもしれないと思っていました。でも、彼女は「大丈夫、ノヂシャです」と言い切るのです。そこで、「ごめん、ちょっとかじらせて」と、葉の端っこを口に入れてみました。うーん、おいしい。ノヂシャに間違いありません。「どうして分かったの?」と聞くと、「だって、家で種から育てているので、見慣れているんです」。やはり摘み分けができるようになるには、なじむことがいちばん大切なようです。

このノヂシャはヨーロッパ原産でハーブとして取り入れられ、マーシュと呼ばれています。こぼれ種で広がったのか、野原や空き地に野生化しています。私が見つけたところはテニスコート脇や造成された宅地、河原など、新しい土が入ったところばかりです。ノヂシャを見つけるには、そういったところを探せばいいようです。

ようやく見つけたノヂシャの園も2、3年で消えてしまいます。でも、がっかりしないでください。花のあとの種がまた近くの住みやすい場所を見つけ、新しいノヂシャ畑を作っています。

◆春のサラダ根菜入り

①ノヂシャ、クレソン、ナズナ、タネツケバナなど、アクの少ない若葉2、3種を柔らかい部分を摘んで洗う。

②モリアザミ（大根、ニンジン、ゆでたゴボウでもよい）を薄切りにする。
③アボカド1個と同量の酢、1／5量のハチミツ、塩（または白味噌）をミキサーで回し、アボカドソースを作り、①②にかけ、レーズンを散らす。

捨てられる運命も、一度味わえば大ファンになる味

ネギボウズ

種　ユリ科・多年草（ネギ）
分布　日本全土
生育場所　畑で栽培
採取時期　葉茎は一年中、花は4〜6月
薬用など　風邪、のどの痛み

ネギボウズとは植物の名前ではありません。ご存じのように、ユリ科のネギの仲間の球形の花穂のことです。ネギを育てている人はこのネギボウズをつけないように苦心し、ついてしまったら邪魔ものとして扱います。

けれども、この捨てられる運命のネギボウズも一度使ったら、大ファンになってしまいます。セミナーで習ってからネギボウズがつくのを心待ちにしているセミナー生がたくさんいます。一度食べると忘れられなくなる味のようです。「ネギの葉のところより、生粋のネギの味！」「シャープな香りが魅力やね」「あの、プチプチ感が好きやわ」「ご飯に散らすと、薄緑色の小さいユリの花の形がかわいいの！」など、ネギボウズファンの言葉です。

私がネギボウズを食べるきっかけは、ある4月の終わりの日曜のことでした。うちの畑のネギもどんどんネギボウズをつけていました。「もう固いし、食べられへんやろ。

抜いて新しいネギ苗を植えるぞ」と夫の声。捨てられると聞いて、私はあわててネギの畝に走って行きました。今まで大活躍してくれたネギの葉。じっと見ながら、そこについた花は食べられへんのかな、と思案していたとき、「花は葉が変形したもの」ということを思い出しました。きっと食べられる。目の前のネギボウズのひとかけをつまんで口に入れてみました。「おいしいわ。今夜はこれにしましょう」と、ネギボウズをひと抱えも摘み集める私の姿を、夫はあきれて見ていました。

食べるようになってから知ったことですが、ネギボウズにはもう一つ、よいことがあります。ネギボウズは花の集まりなのですが、その花粉は花を成長させるホルモンをたくさん含んでいて、人間にも抗菌、強壮などの効果があるそうです。

摘み菜ではアオネギ、アサツキ、チャイブ、ヤマラッキョウ、ニラやハタケニラなどの花も同じように使い、取り合わせると色もきれいです。

◆花ネギライス

①花ネギ（ネギボウズ）は水中でふり洗いし、一片ずつ外しておく。シーチキンと塩、コショウを混ぜて、味をなじませておく。

②炊きたてのご飯に①を切るように混ぜ、器に盛り、赤紫のチャイブの花を散らす。

◆花ネギヒジキ

①湯で戻したヒジキをゴマ油で炒め、粉かつお、みりん、しょうゆで10分煮ふくめる。

②仕上げに一片ずつ外した花ネギを加え、緑が鮮やかになれば火を止める。

暮らしを彩る想い出の菜。花姿や色を生かした料理に

レンゲソウ

種　マメ科・1、2年草
分布　日本全土
生育場所　田畑、野原、土手
採取時期　3～5月
薬用など　下痢、止血

「レンゲが咲き出したから、大阪府の私市《きさいち》へハチミツを買いに行こう」。幼いころ、母の誘いで出かけました。私市の駅に降り立つとそこはもう、一面のレンゲ畑です。私の子供のころは稲刈りのあとに、緑肥としてレンゲの種をまいて育てていました。根にあるバクテリアが肥料になるのだそうですが、一面に花の咲いた様子は見事なものでした。

「レンゲのじゅうたん」という表現をよく耳にしますが、そのころのわが家にはじゅうたんはなく、私にとっては「一面に敷き詰められた敷き布団」でした。その敷き布団に寝ころんでみると花や葉から草の香りがします。ブーンという羽音に驚いて身を起こすと、ハチたちがレンゲに群がって蜜を吸っています。「ハチが来た！　刺されるよ」と、そばの母に泣きつきました。「ハチは密を吸いに来てるんやから邪魔せえへんかったら大丈夫。ハチが巣に持って帰った蜜を私たちもお店で分けてもらおうね」。

あっちこっち寄り道しながら、道に迷いながら1時間も歩いたころ、やっとハチミツ屋に着きました。店の横を見ると養蜂園になっています。私は巣箱にハチたちが群れているのを見て「ハチさん、レンゲの蜜を持って帰って来たんやね。遠いのによう自分の巣が分かるねえ」。思わず声をかけていました。

ついこの間春の摘み菜散策に、小さい子供たちと来られたお母さんが、「明日、この子の入園のお祝いにレンゲ寿司を作ります」。

暮らしを彩るレンゲソウ。だから、料理に使うときにも、花姿や濃い赤紫の色を生かしたいのです。たとえば、レンゲの花寿司やレンゲの花湯など。どちらにしても生のままでは豆の仲間の花は青臭いのでさっとゆで、甘酢や梅酢に漬けて使います。ゆでて色があせたようになった花も、酢の作用でしばらくすると元の鮮やかな花色に戻ります。葉もゆでると少し甘みが出ておいしいものです。

◆レンゲ点心

一度にたくさん摘めて、下処理も楽なレンゲソウ。一面のレンゲ畑に出合ったら、夕食はほんのりピンク色のレンゲ点心でそろえてみませんか。

その1・レンゲとイカの前菜

①レンゲソウの花と葉は柔らかい部分を摘み集める。さっとゆでて冷水にとる。
②イカは細く切り、酒と塩少々を振り、軽くいる。
③いただく直前に、辛子酢味噌で和える。

その2・レンゲチャーハン

①レンゲソウの柔らかい芽はそのままで、固い葉は細かく刻む。
②花は洗い、花柄はみじん切りにする。
③中華鍋にゴマ油を熱し、ニンニク一片のみじん切りを炒め、ご飯とピーナツバターを加える。
④用意したレンゲを加え、塩、コショウ、カキ油、しょうゆで味をつける。

その3・レンゲワンタン

①レンゲソウの葉はさっと塩ゆでし、豚ミンチ、白ゴマ、おろしショウガ、卵黄、塩とよく練り合わせる。
②ワンタンの皮の中心に花を一房おき、①を小サジ1杯のせて、回りに水をつけ包む。
③鶏ガラスープに塩、コショウで味付けする。
④沸騰したスープに、ほぐした卵白を回しながらかけ、ワンタンを入れ、浮き上がっ

たら火を止める。

その4・花レンゲの豆乳かん

①花房は茎から外し、茎はゆでてみじん切りにする。

②グレープフルーツをむいて粗くつぶす。半量はオリゴ糖と合わせ蜜にする。

③花を熱湯で10秒ほどゆで、蜜につける。

④棒寒天1本を水2カップで戻し、煮たてて溶かす。

⑤④に豆乳を1カップと砂糖大サジ5を混ぜ、大きめのガラス鉢に注ぎ、固める。

⑥杏仁豆腐の要領で包丁を斜めに寝かせて、菱形の切り目を入れる。②と③を表面に散らす。

◆花のレモン漬け

①花を茎から外す。熱湯に酢少々を落とし、30秒ゆでて冷水にとり絞る。

②レモン汁と白砂糖を合わせた中に①をつける。半時間で色が戻る。冷蔵してゼリーやヨーグルトの彩りに、ゆでたクズ切りにかけてもよい。

◆レンゲのかき玉汁

①レンゲはさっとゆでて粗く刻む。
②ダシ汁に吸物の味をつけ、沸騰したら①を入れ、溶き卵でとじる。カラスノエンドウの芽先の柔らかい部分でもおいしい。

タンポポ

いつでも元気な西洋種が増え、四季を問わず採取可能に

種　キク科・多年草
分布　日本全土
生育場所　野原、道端、市街地
採取時期　一年中
薬用など　健胃、胆汁分泌、強壮

まだ寒さが残る早春のころ、タンポポは陽の光を全て吸収しようとばかりに、のこぎりのように深く切り込みの多い葉を、放射状に広げて、地面に張り付いています。冬の若苗のこの状態のことを、ロゼット（リボンで作ったバラの花型飾りのこと）と呼びます。

子供のころ、タンポポは春の花だと思っていましたが、近ごろは公園や街路樹の下で、四季を問わず黄色い花を咲かせ、次々に白い落下傘を飛ばせているタンポポを見かけます。これは明治の初めに渡来した西洋タンポポで、どんどん増えています。この西洋種が増えたことで、「一年中、新芽が手に入る」と、喜んでばかりはいられません。

西洋種は人の手の加わった環境の中でも元気に育ちます。春にしか花の咲かない日本の在来種のカンサイタンポポ、カントウタンポポ、シロバナタンポポなどは、自然

環境がかなりよく保たれているところでしか見られず、そんな環境は年々少なくなっているようです。こんなところから在来種を自然環境の保全度をしめすバロメーターとして、全国的に観察をすすめているグループがあるほどです。

ちなみに、西洋種と在来種の見分け方ですが、花を包んでいる一番外のがくが下側にカールしていたら西洋種、在来種はがくが上向きに花に寄り添っています。

最近の新興住宅地で、西洋タンポポそっくりの花を見つけました。さっそくサラダにしようと葉を摘もうとして、ブタのような毛が両面に生えているのにびっくりしました。「これはサラダには、ちょっとおいしくなさそう」と独り言。新顔だったので、家に帰って帰化植物図鑑で調べてみましたら、ありました、ありました。ブタナ、西洋では「ブタのサラダ菜」と呼ぶそうです。「ブタさんなら、この固い毛も平気でサラダにするかもね」と、納得したものです。

日本では食べることを忘れられたタンポポですが、西洋では四季を通じてサラダ菜として活躍します。「少年よ大志を抱け」のクラーク博士も、北海道大学の住まいの近くに種をまいて常食したと言われています。

最近、生食用のホウレンソウが売り出されていますが、生のホウレンソウやレタスには、蓚酸が多く含まれています。ゆがくと水に溶け出してほとんど残らないのですが、生で多食すると腎臓や胆のうに結石をできやすくするらしく、その点、キク科のタンポポは安心して食べられるでしょう。

◆タンポポサラダ

歯ごたえのあるものと合いますので、手元にある材料で工夫してください。ホウレンソウサラダの原型です。在来種のタンポポは数が減っているので、西洋タンポポを使うようにしましょう。

①西洋タンポポの葉や茎は一口大にちぎり、水をはったボウルの中のザルに入れ、水を替えながら1時間ア

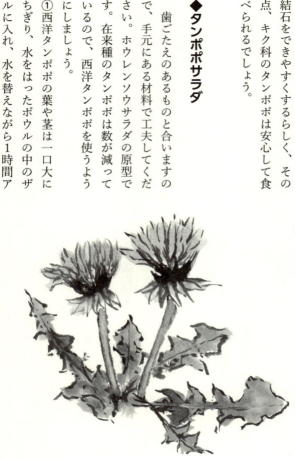

クを抜く。苦みの成分が胃薬になるそうなので、水にさらすだけで大丈夫。
②マグロの油漬け缶詰とピーナッツかクルミを粗く刻んだものを①と合わせる。
③花びらがあれば少し飾りに散らす。
④好みのドレッシングを添える。
＊イカとリンゴや柿、ラズベリー、レーズンなどの果物と合わせ、ヨーグルトマヨネーズを添えてもおいしい。

古くから暮らしになじんだ菜。季節に合わせた使い方を

ヨモギ

種　キク科・多年草
分布　日本全土
生育場所　荒れ地、河原、山間部
採取時期　一年中
薬用など　神経痛、虫さされ、健胃、下痢止め

自然の豊かな地方のお土産店で、ヨモギ餅やヨモギ茶を見つけると、なつかしくて思わず買ってしまいます。餅草と呼ばれるヨモギは、食べられる野草として、また、お灸のもぐさとして昔から暮らしになじんできました。

ヨモギは、人家にちかい草原や土手、田畑のあぜ道と、どこでも手軽に摘むことができ、人気の点でも、利用される量の多さでも、ナンバーワンの菜といえるでしょう。

ヨモギは4、5月ごろ、新しい芽をどんどん伸ばし、葉も柔らかくておいしそうです。けれど、ヨモギは季節を選びません。木枯らし吹く枯れ穂の根元にも、少し注意深く見ると新芽が見つかります。「その季節に生きている姿こそが旬」というのが、私の摘み菜ごころの一つで、冷凍室にため込むようなことはしないで、季節ごとに摘める量や固さに合わせた使い方をしています。

季節によって、草姿は少しずつ変わっても、おなじみの香りは変わりません。シネ

オールなどを含み、健胃、消炎、抗菌、貧血改善に効果があるそうです。

ヨモギによく似た、同じキク科のブタクサは帰化植物です。これも若芽なら、ゆでて水にさらせば食べられますが、花は花粉症などアレルギーのもとになることもあるので注意が必要です。ヨモギとの見分け方はそんなに難しくありません。茎の裏を見て、黄緑色はブタクサで、細かい毛が生えていて白っぽく見えるのがヨモギです。

ふるさとの味、ヨモギも日々の暮らしの中で使われることは少なくなりました。私は「草餅ばかりでは」という方に、今夜の食卓に、ヨモギ料理を手軽にのせていただきたいと、工夫を重ねています。

◆ヨモギ餅しのだ煮

夏、秋、冬の苦いヨモギはアク抜きが面倒と思われています。各料理に共通する簡単なアク抜きを紹介します。

まず、生のヨモギをみじん切りにし、目の細かいザルごと水につけ、手のひらで揉みながらさらします。次に十分な熱湯に灰汁の上澄み液か塩少々を入れ、水にさらしたヨモギを1分間ゆでてザルに上げます。

①四握りのヨモギをアク抜きし、2カップの水とミキサーにかける。
②餅粉、だんご粉を各1カップに①を入れ、よくなじませこねる。4等分して軽く握っておく。
③寿司揚げ4枚の一辺を切り開き、②を詰めて、7㎜ほどの厚さに平たくする。煮ると餅がふくらむので、切り口まで餅を広げず、ゆとりを残しておく。
④ダシ汁3/4カップとしょうゆ、みりんを各大サジ3を煮たて、③を重ならないように入れて煮つめる。

生地を一口大に丸めてゆでればヨモギだんご。きな粉(三温糖、塩少々で味付け)やあんで、または味噌汁に。

◆ヨモギのホットケーキ

野菜嫌いの若い人や子どもに摘み菜を味わってもらうのにもってこいのグリーンケーキです。驚くほどの量のヨモギがいただけます。

①二握りのヨモギをアク抜きし、水1カップとミキサーにかける。
②ホットケーキの素1カップと①を合わせ、フライパンで一口大に焼く。
③表に葉を1枚のせておき裏返すと見た目も楽しい。

暮らしの名役者、ヨモギ。餅とお茶にするだけでは芸がありません。シンプルに天ぷらやご飯に加えたり、早春の新芽はお味噌汁やラーメンにも。お手軽に懐かしい香りが味わえます。

◆ヨモギご飯

①一握りのヨモギをアク抜きし、塩少々を混ぜておく。
②ご飯をよそう直前に①を混ぜ込む。

◆ヨモギほかほか（カイロ）

①干したヨモギを両手にいっぱいと、塩500gをいる。ブロードの布を二重にした袋（25×13㎝）に詰めて、口を縫って閉じる。
②炊飯ジャーかオーブンの保温で3時間温める。
③タオルにくるみ、腰などに当てる。約3ヵ月は繰り返し使える。

ユキノシタ

戦士の命も預かった頼みの菜。虎耳草、鴨足草の形容も

種　ユキノシタ科・多年草
分布　日本全土（西日本に多い）
生育場所　山地や谷沿いの日陰、多湿地
採取時期　一年中
薬用など　中耳炎、かぶれ、感冒、ひきつけ

「ユキノシタがあれば、百人力！」と感動したのは、子供のころのあの日。母と参加した奈良県・高取城跡での植物観察会でした。

山道をぐんぐん登り、ようやく着いた城跡の石垣を一面にユキノシタが覆います。講師の先生は「400年以上も昔に築かれたこの山城は、戦《いくさ》のときに兵糧がふもとで止められても、飢えずに戦えるよう、この城域内に元々生えている食草、薬草をうまく増やしました。ほら、あそこのコゴミ（クサソテツの芽）、ヤマヨモギ、ノカンゾウ、ミツバ、そこのニワトコの木、ヤマボウシ、アオキ…。そして、この石垣のユキノシタも命の綱でした」。

その草は丸くて分厚い葉が茂り、根元から紅色がかった細い茎が地をはうように四方に出ています。その先には新しい株が育ち、元気いっぱい！　周りで「天ぷらにしたらおいしいよ」「うちは甘辛煮」とささやく人。先生は「薬としても強者で、中耳炎

や子供のひきつけ、切り傷に、また風邪には煎じ汁も効くという、まったくのお助け草ですよ」と、葉を1枚摘んで私にくださいました。何百年も子孫をつないできたその葉は、おばあちゃんが私の腫れ物にもんで貼ってくれる家のユキノシタと同じ姿でした。庭先を緑で飾るものぐらいとしか見ていなかった木や草たちが、戦士の命を預かり、頼みの綱だったとは…。「草たちがいれば安心」。子供心にそう思ったものでした。

摘み菜がつないでくれた想い出は、四季が巡りくるたびに、鮮やかによみがえります。白い花の咲く春、5月。入院中の義父を見舞いました。若いころから文学を志し、漢詩や俳句に堪能な人でしたので、草の話でもできれば楽しいかしらと、小庭に咲き出したユキノシタを摘んで花束にします。ベコ（牛）ノシタ、トリノシタという別名もあるらしく、この白い雪みたいな2枚の長い花びらを「雪の舌」だって？

でも私には春風にゆれて、小さな妖精たちが跳んでいるように見えるのですが…。「けーさん、ユキノシタのこと、漢字では『虎耳草』って書くんやよ。この葉に固そうな毛がいっぱい生えてる様子を虎の耳に形容したらしい。じつにうまいね。僕、一字で状態も音も表せる漢字ってすごいなぁと、いつも感心するよ」。義父は愛用の歳時記をくりながら話します。「例えば、海の苔でノリだしね。ユリは百合。あの花でなくて、ユリ根の鱗片が百ほども合わさってる状態を例えて…」。

　こんな話を義父から聞いて以来、私も仮名書きの植物名だけでは物足りなくて、植物名の由来の本で遊びます。ヨモギは善《よ》く萌《も》え出る草で善萌草《よもぎ》だとか。お灸のもぐさに使われる時代には善燃草と書かれています。歳時記にはユキノシタは鴨足草とも。そういえば、あの白い模様のある葉は、水かきを広げた鴨の足にも見えてきますね。

◆ユキノシタ半月揚げ

　紅色がかった葉と緑の葉は種類が違うように見えますが、根元から走出枝が出ていれば、どちらもユキノシタ。大きい葉で包んで揚げます。

①葉の柄もつけて一人分3枚ほど摘み、指先でこすりながら砂を洗い流す。
②水気をふき、小麦粉を軽くすり込む。
③天ぷらの衣を作る。小麦粉大サジ7、水大サジ5、すりゴマ大サジ2。
④サワラ、タラなどの切り身に塩をふり、葉の柄と②の中央に置く。半月に折り、衣をつけて箸で軽くしごく。
⑤中温の油で揚げ、ポン酢でいただく。

◆ユキノシタのクルミ和え

粗い毛が気になる摘み菜にはクルミの香ばしさとキクラゲの食感を組み合わせて、食べやすくアレンジしてみました。

①ユキノシタは指先で粗毛をこすりながら砂を洗い流し、1㎝巾に刻む。
②干キクラゲを水で戻し細く切る。
③熱湯で①②をさっとゆで水にさらす。
④むきクルミをフライパンで軽くいり、手のひらでこすって、薄皮をざっと取る。細かく刻んですり鉢で粗くする。
⑤しょうゆ、砂糖、白味噌で調味し、③を軽く絞って和える。

◆ユキノシタバーグ

刻んだ葉や枝がミンチ肉に合うと好評。上にのせたユキノシタの緑を鮮やかに仕上げると、いっそうおいしそう。

①4人分で葉柄のついた葉を20枚摘む。
②毛を指先でこすって洗い、中葉8枚はそのまま残し、ほかは細かく刻む。

③豚肉ミンチ200g、玉ネギ1個のみじん切り、パン粉大サジ7、卵1個、ねりゴマ大サジ2、塩、コショウを加えてよく練る。8等分して一口大に丸め小判型にする。
④フライパンにサラダ油を敷き、まず片面をじっくり焼き、裏返して小麦粉を薄く振り、残しておいた中葉を1枚ずつ張りつけて、水50ccを注ぐ。干クコの実を加え、フタをして3分ほど焼く。
⑤皿にとり、上にクコの実を飾る。

過酷な海辺で子孫をつなぐ浜菜。
小庭に移植し定番菜に

ツルナ

種	ツルナ科・多年草
分布	日本全土
生育場所	海辺の砂地
採取時期	3～10月
薬用など	胃弱、腸炎

母から、四国・鳴門の旅みやげに添えて、ツルナの芽が出た茎を2本もらいました。旅先の浜辺近くで、バスを待っていたら、道路脇に踏み荒らされたツルナが、砂ぼこりにまみれていたそうです。「子供のころ、福井県の若狭の浜で、おばあちゃんが浜チシャと呼んで摘んではった。この菱形みたいな葉を見て思い出したわ。丈夫そうやし、さし芽で育つよ、きっと」

初めてわが家の小庭に仲間入りした憧れの浜菜。元気なつる状にはい、多肉質の葉が地面を覆います。図鑑にツルナ科はCarpet-weed Familyとあり、カーペット状に敷き詰める草の仲間って、なんてぴったりの表現でしょう。

秋の終わりに消えたかなと心配しても、こぼれ種から、翌春にはまた芽を出し、2年、3年…。うちの定番菜になるころには、ちっちゃな双葉でも、冬枯れで茎だけの姿でも、ツルナが私を呼ぶのです。晩秋の鳥取砂丘、早春の南紀白浜、5月の伊勢、真夏の京都府丹後浜…。年中、あちこちの砂浜や岩場で。そういえば、オーストラリアから東南アジアに分布と書かれています。

あるとき、摘み菜料理セミナーに摘んで行きました。「ツルナって、ヌメリがあるの？」。彼女は夏野菜のツルムラサキと混同している様子。でも葉をちょっと口に入れてみて、ツルナに聞きながら、「歯ごたえいいよ、シロザみたいに表面にツブツブがあるけど分厚いね。これなら日照りや砂や潮風の強い海岸でも生きられるわ」。海水浴や魚釣りでは波打ち際から海の方にしか興味がなかった人も、「これから海沿いの道を歩くとき、ツルナと会えそうで楽しみ」とニコニコ。

「ところで、葉の脇のコロンとしたのは花？　何だか固そうな花びらよね」。ツルナの花には花びらはなく、がくとしべだけ。陽に開くがくの内側はかわいい黄色です。春から秋口まで咲き、どんどん実に。

「ツルナの実って、刺先を切ったヒシの実の超小型ね、わぁ、固い！」。

踏まれてもつぶれずに砂にのめり込み、いつか芽を出す…。「あっ、この実、水にも浮くよ」。波に乗って、あのヤシの実の歌のように、遠き島にも流れ着いたのでしょう。生きるには過酷すぎる海辺に根づき、子孫をつないでいくウルトラ技に、みんな感動でした。

ツルナは西洋で「ニュージーランドのホウレンソウ」と呼ばれ、野菜格です。中国では解毒や解熱の漢方薬「蕃杏《ばんきょう》」として活躍中。そして、うちの庭のツルナたち、どれも暮らしになじんだ大切な菜だけれど、人間の都合で盛衰しそうです。浜辺に生えていたツルナに会ったとき、何だかとてもうれしかったのは、大自然のもとに生きる確かさを感じたからでしょうか。

◆ツルナのピーナツ味噌和え

酸味とえぐみは蓚酸の一種。花が咲き出すと強くなるアクは、灰汁か塩でゆでたまま、一晩おくと抜けます。

①ツルナは指先で摘める芽先や葉を一口大にちぎり、洗ってザルに上げる。
②熱湯に塩または灰汁を入れ、①をゆで、全体が鮮やかな緑になれば、水にとってさらす。
③刻みピーナツ、田舎味噌、果実酒を同量合わせ、食べる前に②を和える。

◆ツルナとアサリの煮浸し

三重県明和町でした摘み菜イベントの一品。浜にはツルナが広がり、天然のアサリを掘る親子連れの姿がありました。

①よく砂を吐かせたアサリを厚手の鍋に入れ、酒を振りかけてフタをし、5分蒸す。
②アサリを取り出して、汁と身に分ける。砂が入らないように注意する。
③汁にしょうゆとみりんを同量加え、さっとゆでて水にさらしたツルナを入れて、そのまま冷まし味をなじませる。
④器に③とアサリを盛り合わせる。

◆ツルナの海幸葉巻き

海チシャの別名もあるツルナ。生のままで海のサラダを作ります。やはり組合わせは磯のものが似合います。葉が少しざらつくので、甘辛焼きや歯ごたえのあるものを包むのがコツです。

①春のアクの少ないツルナは、大きめの葉を摘み、水にさらす。
②サンマのみりん干しは一口大に切り、イカナゴの甘辛煮を①とともに皿に盛る。

③各自で②を①に包んで食べる。

◆ツルナの焼きそば

①ツルナのつる先や葉は一口大に摘み、洗って塩一つまみを振っておく。

②フライパンにゴマ油を熱し、みじん切りのニンニクと短冊切りのイカを炒める。色が変われば中華そばを加え、3分炒め、①を軽く絞って入れる。

③カキ油、しょうゆ、一味で調味。

◆ツルナのベーコンソティ

①ツルナは塩ゆでし、冷水にさらす。

②フライパンでベーコンを炒め、脂が出たら、小房に分けたマイタケと絞った①を入れ、ソースで味付けする。

◆ツルナの磯ボールスープ

①ツルナは塩ゆでし、水にさらす。

②小エビは2枚にそいで背ワタを除き、包丁で細かくたたく。クズ粉、塩、マツの実、

アオノリなど好みの量を加えてよく練り、小さく丸める。
③かつおとコンブでダシを取り、②を入れ、塩、薄口しょうゆで調味する。
④沸騰して②が浮き上がったら、スープとともに器に取り、切りゴマと①を浮かす。

香りが素敵なので、金銀の花を集めて香り酒に

スイカズラ

花のころには形よりも香りで、スイカズラを発見することがよくあります。私はこの香りが大好きで、ひと枝を摘んで胸のポケットや帽子にさしたりして、香りとともに山を歩きます。

つる性の低木で、白と黄色の花が混じって咲いているのが、金銀に見えることから「金銀花」と呼ばれます。葉は対生で冬でも残っていることから、「忍冬《にんどう》」とも呼ばれます。ヤブや林のそばでよく見られ、フェンスや有刺鉄線などにもよく巻き付いて茂ります。欧米のハーブでハニーサックルと呼ばれているものも、同じスイカズラの仲間で、花を吸って甘い蜜の味を楽しめます。

よく似た花を咲かせる植物に、ヒョウタンボクというのがあります。花は一見するとよく似ていますが、ヒョウタンボクはつるにはなりません。このヒョウタンボクは有毒なので、見分けるためにスイカズラをよく知っている人と摘んでください。

種	つる性常緑樹・スイカズラ科
分布	北海道南部～九州
生育場所	林辺の陽地、郊外の空き地
採取時期	花は4～5月
薬用など	関節炎、むくみ

花を集めるときには、汚れていないきれいなビニール袋に、開いた花だけをどんどん指先で摘み集め、花の香りが逃げないうちに袋をちょっとふくらませ、口をぎゅっと閉じます。帰るとすぐに小ビンに移し、焼酎を少し入れて軽くふり洗い、ほこりや小さな虫を流します。こうして下準備をしてからお酒や蜜に漬けます。

私はスイカズラのお酒が、香水よりもいい香りがするので、とても気に入っています。でも、花の香りなので、口に入れるのに抵抗があるという方は、化粧水の香りづけに使ってみてくださいね。

◆スイカズラの花寄せ揚げ

①スイカズラの花と若葉を摘み集める。
②干ナツメ（または干アンズ）、ピーナッツを粗く刻む。
③天ぷらの衣に砂糖少々を加え、①②を混ぜる。中温の油でかき揚げにする。お菓子風の揚げ物は子供に人気。

◆金銀花酒

①スイカズラの黄色と白色の花を片手いっぱい摘む。
②ホワイトリカー1カップ、ハチミツ大サジ2と①を小ビンに入れ、半年以上寝かす。実を少々加えると紫色のお酒になる。

◆スイカズラ茶

①スイカズラはつるのままのものを日に干す。
②乾いたら2、3㎝の巾に切り、花は取り分ける。
③厚手鍋で茎と葉を香ばしい香りがたつまでとろ火でいる。
④ザルで水をかけ、ほこりを落とす。
⑤1ℓの水に④を一つかみ入れ、10分煎じる。湯飲みに注いで花を浮かす。

春から秋まで咲き続け、食にも飾りにも重宝

ヒメジョオン

種　キク科・多年草（帰化植物）
分布　日本全土
生育場所　空き地、道端、土手
採取時期　一年中
薬用など　糖尿病予防

その昔、観光で銅山跡に行ったときのことです。道の両側に群生している青紫のシオンのような花。その色にひかれて近づいてみると、何とヒメジョオンでした。今までにこんな色のヒメジョオンには会ったことがありません。思わず花摘み娘になってしまいました。この青紫の花の色は、地中に含まれている銅の成分のせいだったのでしょうか。

ヒメジョオンは秋には若い苗ができ、4月ごろから秋口にかけて、マーガレットをごく小さくしたような花をたくさんつけます。野に摘み菜するときにはたいてい咲いていて、食にも飾りにも重宝します。ある本で、北米では結石の薬や利尿剤として使われているということを読んで、楽しみが増えました。

以前は近縁種のハルジョオンは関東地方に多く見られましたが、近年、中部や関西にも広がってきました。特徴は茎が中空、茎についている葉は茎を抱く、頭花が開く

前にはうなだれている、開花期にまだ根生葉が残る、舌状花は糸のように細くて多い、などでヒメジョオンと区別できます。

よく似た摘み菜を摘み分けるコツは、まず一つだけを覚えてしまうことなのです。これから覚えようとする方は、ヒメジョオンならヒメジョオンだけをよく観察し、その姿やにおい、手触り、そして味に十分なじんでください。よく似たものを同時に覚えようとすると、後々まで混同してしまい、なかなか名前と実物が結びつかなくなります。

どちらも春早くから柔らかい芽や葉を出し、少しハーブのような香りと苦みがあり、葉には細かい毛があります。この持ち味を生かして料理してみましょう。

◆ヒメジョオン（ハルジョオン）の煮浸し

①指先で摘める柔らかい葉や芽先を集め、さっと塩ゆでし、水にさらす。
②1㎝巾に切ったウナギの蒲焼きと水で5倍にのばしたたれを火にかけ、①を軽く絞って加える。
③ひと煮たちしたら、鍋ごと水で冷やす。

◆ヒメジョオンの巻き揚げ

①小麦粉と同量の水に塩少々を加え、天ぷらの衣を作る。
②大きな葉3枚を①につけ、箸にはさんでしごく。
③釜揚げのカマスゴを①で巻き、中温の油でカラリと揚げ、ポン酢を添える。

◆ジョオン納豆

①ヒメジョオンは塩ゆでし、水にさらして軽く絞り、小口切りにする。
②紅ショウガはみじんに切る。
③納豆にゆでたコーンの実と①②を加え、よくかき混ぜる。

カキドオシ

「垣根を通り抜ける」ほどつるが伸び、5月に唇形の花

種　シソ科・多年草
分布　日本全土
生育場所　道端、ヤブ、庭の陽地
採取時期　一年中
薬用など　解毒、黄疸、糖尿

カキドオシの名は聞いたことはあっても、実物を知らないという人がよくあるようで、先日もホトケノザを見て、「これがカキドオシですか」と聞かれました。

春になると銭形の葉を連ねたつるが垣根も通り抜けるほど、どんどん伸びていくので「垣通し」と言います。漢方名は連銭草《れんせんそう》。解毒や黄疸、糖尿に用いると本には書かれています。

よく似たものにツボクサがあります。ずっとカキドオシだと思って通り過ぎていた草を、あるとき、ふっと触ってみました。分厚くってつるんとした手触り。あれ？と思って、つるを引っ張ってみると、対生の葉の根元に小豆色の5㎜ほどの花が二つずつ付いています。ツボクサとカキドオシは近づいてみないとなかなか分かりませんが、どちらも食草だから大丈夫。

カキドオシは5月ごろになると、このつるの先が立ち上がり、葉の付け根に青紫色

の唇形をした花を咲かせます。この花を一度見たらまた出会いたくて、次の年もその辺りに足を運びます。でも、不思議に花盛りになる年と、かわいそうなほど花が少ない年があります。カキにも「なり年」と「ならん年」があるように、カキドオシにも「咲き年」と「咲かん年」があるのかもしれません。

花のころ、つる先20㎝ほど摘んで日に干すと。シソ科なので香りが独特のお茶ができます。

◆カキドオシの花寄せ揚げ

①カキドオシは葉と花を摘み集める。
②アサリのむき身、ほぐしたマイタケ、①を塩少々を入れた天ぷらの衣に入れる。
③小サジ1杯ずつ、中温の油で揚げ、ハコベ塩（340ページ）でいただく。

◆カキドオシの和風サンド

①全粒粉やライ麦などの固めのパンを薄めにスライスし、辛子マーガリンを塗る。2枚1組で底はくっついたままにしておくとよい。

②さっとあぶった生干スルメとカキドオシの葉をはさむ。または、梅酢で味をつけたマッシュポテトに、カキドオシの葉のみじん切りを混ぜてはさむ。中の具にはほかにヤブニンジン、ヤブジラミ、セリでもおいしい。

◆カキドオシ茶

①カキドオシは花や葉のつるごと天日に干し、2、3cmに切る。

②とろ火でカラスノエンドウやハルガヤなどとともに香ばしいにおいがたつまでいる。

③1ℓの水と②一握りをヤカンに入れ、沸いてから7、8分煎じる。土臭いので香りのよいものとブレンドする。

春の摘み菜で遊ぶ

〈百聞は一触一食に如かず〉

春の七草　セリにナズナ
ゴギョウ　ハコベラ　ホトケノザたち
スズナ　スズシロ　仲間に入れて
春の七草　みんなで摘もう
（「春の小川」の節で歌ってみて下さい）

最近ではスーパーマーケットでも七草粥セットが売られ、七草を食べる風習が暮らしに戻ってきました。ところで、自分で摘み分けられる知恵は残っているでしょうか。初心者は経験者にくっついて、まず春の野に出てみましょう。そばに高速道路が通っているような都会の川の土手でも摘み菜はできます。河原はたいてい国有地だから、誰が入っても大丈夫、あなただけの秘密の摘み菜畑にしてしまいましょう。「ナズナ（ペンペングサ）は根がゴボウの香り」「ゴギョウ（ハハコグサ）は黄色い花を顔に見立ててお人形を作ったから御形と書く」「スズナ（ノビル）はカブと同じく鈴のような形の根っこ」「スズシロ（ヨメナ）は大根のように根が白い」などのポイントを教わったら安心しないで、必ずメモをしましょう。毎年一種ずつでも自分で摘んだ名を加えていけたら、7年であなたはもうベテラン。ただ、セリだけは毒ゼリと間違えやすいので、自信のないときは摘まない勇気も忘れずに。

〈平成の七草は…〉

七草粥については、昔、中国や日本の宮廷で正月七日に、神事に用いた7種の穀物（大麦、稗、米、粟、ミノ、小豆、胡麻）がことの起こりのようです。やがて7種類の若葉を入れた粥を食べると万病を防ぐと言われ、その風習は庶民にも普及しました。地方によっても具が違うようで、行く先々で聞いてみると、大阪・河内長野や和歌山ではナズナだけ。秋田ではタラの芽とゴボウ、九州では五草だけだったり、伊勢の国崎では四種の磯菜（ヒジキ、フクロノリ、フノリ、ウミトラノオ）に、一つだけ陸の青菜を加えてと、お国柄がわかって楽しくなります。

スズナ、スズシロは現代ではカブ、大根ということになっていますが、実は私は、万葉人はノビル、ヨメナを摘んでいたのではないかと思っています。時代によって七草も変わります。街中でも摘めることをモットーにしている私は、帰化植物や近縁種も使います。ナズナにはマメグンバイナズナ、ゴギョウにはチチコグサモドキ、ホトケノザにはオニタビラコ（苦いので少しだけ）、スズナ、スズシロにはタネツケバナやセイヨウカラシナ、イヌガラシなどはいかが？　同じ時代を生きるもの同士、私は身近な摘み菜たちの中から、おいしく安心な七種の草たちを平成の七草として摘み、七草粥を楽しみます。

〈七草粥を作りましょう〉

●基本のお粥

①残りご飯1に対し、6倍の水を鍋に沸かす。
②ご飯を入れたら軽くほぐし、とろ火でしばらく煮る。
③摘み菜は大きいものや固いものはゆでて細かく刻み、塩を少々まぶしておく。細かいもの、柔らかいものは生のまま、まな板の上で塩を振ってもみ、細かく刻む。

④ご飯が柔らかく、米粒が開いて来たら火を止め、③を加える。または別皿に盛って添え、各自好みで入れる。

●基本の摘み菜ご飯

①前項の③の要領で摘み菜の下ごしらえをする。

②温かいご飯に①を軽く混ぜる。

どちらもアクや苦みの少ない菜が向きます。七草で紹介したものの他、クレソン、夏秋にはツユクサ、アオミズ、ウワバミソウなども利用できます。

〈摘み菜クレープはいかが〉

●春菜クレープ&花びらクレープ

①小麦粉2カップ、塩少々、水2・5カップ、溶き卵1個（または小麦粉1・5カップ、タカビキ粉1／2カップ、塩少々、水2カップ、卵白1個分）を天ぷらの衣ぐらいの固さに溶いて、しばらく布巾をかけて寝かせる。

②フライパンかホットプレートに薄く油を敷き、生地を大サジ1杯ずつ落とす。

③10㎝くらいのだ円にスプーンの背でのばし、食用の花や若葉を張りつける。

④裏返して軽く焼く。

⑤ユズやウメの味噌を塗ったり、若菜やイカナゴ、スモークチーズなど好みの具をはさんでいただく。もちろん、ジャムやバターをつけてお菓子にもなる。

張りつける摘み菜はゲンノショウコやアメリカフウロ、ヨモギ、野エンドウ、シロツメクサ、アケビの芽など、少し毛やアクがあっても大丈夫。花びらの方はゴロつかず、熱で変色しないものが向く。菜の花やレンゲ、ムラサキダイコン、セイヨウカラシナ、スミレ、ケールの花など。

夏

すがすがしい、涼しげなランチを作りたくて

シロツメクサ

おなじみのクローバー、都会の住人には心強い味方

種　マメ科・多年草
分布　日本全土
生育場所　市街地、公園、土手
採取時期　一年中
薬用など　痔の出血、不安神経症（多食不可）

「来月はクローバー（シロツメクサ）と思うものを摘んで来てください」。ある時、摘み菜セミナーでお願いしました。クローバーなら幼いころに遊んだこともあり、どなたにでも摘みやすいものだと思ったからです。それに一度摘んで見分ける自信がつくと、セミナーの帰りにでも、次の日にでも自分で摘んで、料理できますし…。

セミナーの日、たくさんのクローバーがテーブルの上に積まれていました。でも、中に「クローバーは見分けられると思うんだけど、見つからなかったんです」と、おっしゃる方がいました。聞いてみると、畑やお寺の辺りを探したということです。彼女は自然の豊かなところで摘み菜をして育った方なので、クローバーはかえっておなじみではなかったようです。都会育ちで「まだ、摘み菜の素材がよく分からなくて…」という人の方が、「公園の芝生や団地の中によくありますよ」と、その日は張り切っていました。

最近、大阪・淀川の土手にもクローバー摘みが心おきなくできるところが、たくさんあることに気がつきました。摘んでいると、シロツメクサのほかにも、淡い赤紫の花が咲くアカツメクサや、直径5㎜ほどの小さな黄色い花をつけるコメツブツメクサにも出会います。このコメツブツメクサもよく見ると、クローバーに似た花や葉の形をしています。これは河原だけでなく、海近くの砂地にもどんどん勢力を伸ばしてきている外来種です。

こんな、一面のクローバーたちがおいしいランチにできるなんて、都会に住んでいる私たちの特権かしら。

先日、ある摘み菜セミナーの人たちが小学生対象の、摘み菜ランチ作りの講習会をしたそうです。子供たちにも身近なタンポポやツユクサ、クローバーなどを素材に4品作ったのですが、中でも一番人気はクローバー模様のオムライスだったとか。ご飯にふんわりかぶせた卵に、おなじみのクローバーが模様のように浮き出ていたのが気に入ってもらえた秘密でしょうか。

◆クローバー模様のオムライス

トランプでもおなじみのクローバーマーク。料理教室についてきた幼い子たちもすぐに覚えて、それからは公園に行くと「クローバー、みつけた！」と小さな指で摘んでいるとか。

①クローバーは一人5、6枚の葉を取り分け、残りの葉は刻む。
②①をオリーブ油で炒め、花も加え軽く塩、コショウをする。
③熱いご飯に②、ツナ缶、粗切りのいったピーナツを加えて混ぜる。
④きれいなフライパンにオリーブ油をひき、①で取り分けた葉を5、6枚散らす。赤花のクローバーがあれば、隙間にも散らす。
⑤溶き卵にコーンスターチ、塩、コショウを混ぜ、④の上に静かに流す。
⑥③のご飯をのせて包み、皿に返す。

◆クローバー茶

熱を加えると甘みが出てきます。いっているとき、家中に漂う香ばしいにおい、パリッと乾いていく手応えに、ファンになること受けあいです。赤、白、黄色の花もとり混ぜてわが家のお茶ができました。
①料理に使った残りの固い部分や葉や茎、花は天日に干す。
②厚手鍋でとろ火でいる。
③こうばしい香りになったら、ザルにあけ、水をかけてほこりや焦げを流す。
④ヤカンに水1ℓ、③を一つかみ入れ、10分間煎じる。

◆クローバーのナッツ和え

摘み菜の定番料理の一つです。マメ科の菜には同じマメ科のピーナッツがよく合います。花と葉の柄は固いのでお茶にします。
①クローバーは柔らかそうな葉と五分咲きの花を選んで摘み集める。さっと塩ゆでし、水にとって軽く絞る。
②いったピーナッツをすり鉢で粗く砕くように半ずりにし、薄口しょうゆ2，みりん1で調味する。
③いただく10分前に①を②で和える。

◆クローバーのガドガド

①底の広い鍋に厚揚げを一口大に切ったもの、ニンジンの輪切り、カボチャのくし切り、短冊切りのキャベツ、ザク切りのもやしを区分けして入れ、水少々で蒸し煮にする。

②ほぼ煮えたら、クローバーの柔らかい葉を加えて2、3分蒸らす。

③ピーナツバター大サジ3、味噌大サジ1・5、しょうゆ大サジ1、レモン汁大サジ1・5、魚醤《ぎょしょう》（なければ味噌）大サジ1、湯大サジ2、一味唐辛子、好みですり下ろしたニンニクを混ぜて、たれを添える。

草丈ほどの「木のイチゴ」。焼酎の入った小ビン持参で

クサイチゴ

種	落葉小低木樹・バラ科
分布	本州、四国、九州
生育場所	林縁の半日陰
採取時期	果実は6月
薬用など	紅熟果でジャムやリキュールを作る

クサイチゴを摘みに京都・宇治の山に出かけました。「草」とつきますが、実は木のイチゴです。草丈にしかならないのでこう呼ばれるようです。丈の割りには大きな白い花が咲き、親指の先ほどの赤い実がなります。「わぁ、おいしそう!」と、うっかり手を伸ばすと「あ、痛い!」と、引っ込めなくてはなりません。鋭い刺があるのは、さすがにバラの仲間です。でも、しばらく摘んでいるうちに、摘み手もだんだん上手になり、赤く熟した実を上から少しねじって、花たくからそっと外すように摘みます。実の汚れが気になるときは小ビンに入れ、水を注いで軽くゆすってから水を流します。果実酒や蜜漬けにするときは、水ではなく焼酎を使うと、腐敗せずに熟成します。

このイチゴ山にはクサイチゴのほかにも、たくさんの木のイチゴがありました。実の色が黄色いイチゴ、それは葉がモミジ型のモミジイチゴ、ナガバノモミジイチゴなどです。果実は並んだ葉の裏側にできるので、突き出た枝先の下にもぐり込んで見上

げます。そうするとたくさんの実を見つけることができます。これはそのまま食べても十分に甘く、おいしいイチゴです。

この時期にはほかに、葉に細かい毛をビロードのようにつけたビロードイチゴも熟します。おいしい木のイチゴをたくさん食べた口には、このイチゴは生のままではちょっと物足りなく思うかもしれません。でもジャムにすると甘酸っぱい香りがして、普通のイチゴジャムより数倍おいしく感じられます。

このころがいちばんイチゴがなる季節ですが、少しずつ時期をずらしながら、野生のイチゴは秋から冬まで山道を行く私たちのささやかな喜びとなってくれます。

イチゴ摘みの話をすると、「来年はぜひ、いっしょに行きたい」と、たくさんの人から声がかかります。次の年、6月になるのを待ちわびて、そのイチゴ山にたどり着くと、山道を歩きやすくするためでしょうか、笹や小さな木がばっさり刈り取られ、クサイチゴの実にはほとんど出会えませんでした。

◆クサイチゴのワイン

京都の里山で毎年、クサイチゴ摘みをします。2年目の人は小ビンに焼酎を入れてきます。赤い帽子のような実をそっと外してビンに入れていきます。八分目まで入ったら、あとは家で甘みを足すだけです。

①小ビンに5分目までホワイトリカーを入れる。

②8分目になるまでクサイチゴの実を入れる。

③オリゴ糖を満杯よりは少し控えめのところまで足し、密閉する。

④冷暗所に1ヶ月おくと、美しい紅色になる。色の抜けた実を取り出し、さらに3ヶ月以上熟成させる。

オリジナルのカクテルやドレッシング、ゼリー、ケーキなどにどうぞ。白ワインに漬けてもよい。この場合は甘みは省く。

◆クサイチゴと夏ミカンのブランデー漬け

強烈な酸っぱさが懐かしい夏ミカンですが、子供たちには敬遠されがち。店先に並ぶ甘夏ミカンのときはハチミツなしで。庭になった夏ミカンなら、このデザートがぴったりです。

①クサイチゴにブランデー（またはクロモジ酒、アケビ酒などの辛口の摘み菜酒）大サジ1、ハチミツ大サジ1・5、レーズン1／4カップを混ぜ、電子レンジに30秒か

けてふやかす。
②夏ミカン大2個の皮をむいて、軽く実をほぐす。
③①に加え、少し汁が出るまで混ぜる。
④一晩おいて、味をなじませる。

◆クサイチゴと春うこんのデザート

①白玉粉250g絹こし豆腐小1丁、春うこん粉小サジ1を合わせ、よくこねる。
②10円玉大の平たいだんごに丸め、熱湯でゆでる。浮いたら冷水にとる。
③ガラス鉢に②を盛り、クサイチゴやヤマモモ、クサボケ（酒や蜜に漬けたもの）をのせる。
④クサイチゴやクサボケ、バラなどの摘み菜熟成酒をかけていただく。好みで甘みを足す。

◆クサイチゴのキール

①牛乳（または豆乳）3カップ、上新粉、ハチミツ各大サジ4、塩一つまみを鍋でよく混ぜ、火にかける。

②沸騰してから1、2分練る。
③火を止め、シナモンと好みの摘み菜酒を加える。
④鍋底を水に当てて混ぜ、荒熱をとる。
⑤グラスに注いで冷やす。
⑥いって粗みじんに切ったカボチャの種（またはピスタチオ）を散らし、その上にクサイチゴの実を飾る。インドの伝統的なお茶菓子。

◆クサイチゴのジャム（プリザーブ）

①ホーローか耐熱のガラスの鍋で、クサイチゴ2カップ、オリゴ糖1／2カップ、レモン汁小サジ1、塩一つまみを混ぜ、半日おく。
②さっと煮て、鍋底を水に当て冷ます。荒熱がとれたら煮沸消毒したビンに小分けして保存する。汁気は別にして、シロップとして使ってもよい。

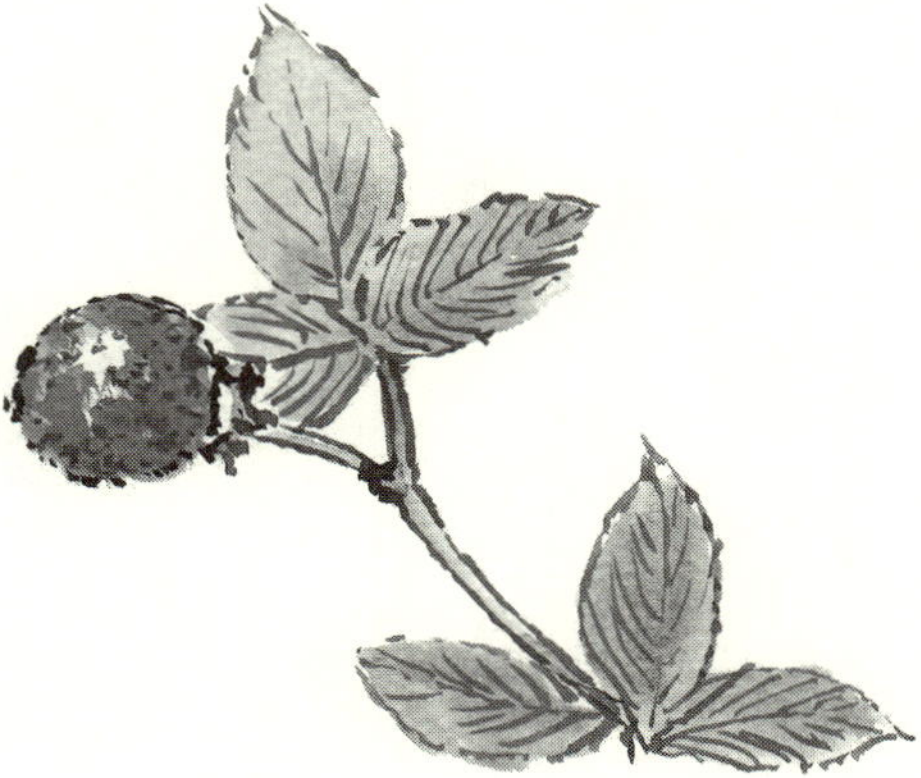

種も工夫すれば素敵な一品に。葉でスープストックを
ビワ

種　常緑樹・バラ科
分布　日本全土(栽培種の他、四国、九州に自生)
生育場所　庭などに果樹として植栽
採取時期　一年中
薬用など　健胃、消炎、咳止め

ビワには、いつの間にか芽を出して大きくなった、という実生の木が多いようです。「庭にあるけど実が小さく種ばかりで、酸っぱいから放ったらかし」という、お宅はありませんか。そんな実もサラダや酢の物に使うと、酸味が生かせておいしくなります。

セミナーで花サラダを作ったら、種が残りました。種の外側はツルツルとして固そうです。この種に含まれる成分がガンに効くと、少し前にマスコミで話題になっていました。そんないいものだったら、何とか使えないかしらと、種を一つ口に入れてみました。摘み菜料理はまず、摘み菜に聞くこと。見て、触って、においって、口に入れて、と五感で考えるのです。

ビワの種は歯が折れるかしらと、こわごわかんでみたら、意外にも簡単にかみつぶせました。口の中にはさわやかな香りが広がります。どこかで出会った懐かしい味…。そうだ、小さいころ梅干しの種をかみ割って出てきた、あの白い「天神さん＝梅の仁」

の味に似ています。

きっと、味の濃いものと合わせるとこの香りが生かせそうと、まずはスライスしてしょうゆに漬けてみました。ご飯に混ぜるととてもおいしかったのですが、生の種は固いし、体も冷やすそうです。ご飯を炊くときについでに入れれば、柔らかくなるかもしれないと、さっそく炊いてみました。炊きあがったご飯は素敵な香りが漂います。種の皮は炊きあがると簡単にむけました。銀杏にちょっぴり苦みを添えたような味でした。苦みが苦手という方が何人かいたので、次は昔から苦みやアクを取ると言われている味噌と合わせてみました。苦みが消えて、香りの高い付け味噌ができあがりました。

さて、おいしいビワの種料理ができあがりましたが、一度にたくさんは食べないでください。ビワの種はガンに効くという話もあるぐらいで、きっと強い作用が働くでしょうから。

ビワの実も種もいただいたら、今度は葉です。

ビワの葉は昔からあせもに効くと言われ、行水やお風呂に使われています。料理にも使っても大丈夫?　実が食べられるものは葉も食べられる、というのが摘み菜の原則です。ただ、この葉は相当ごわごわしています。いろいろ考えた末に、漢方薬のように煎じ液を作って、それで甘酢を割ったり、スープを作ります。わが家ではビワストックとして大活躍です。

◆ビワの実丸ごと味噌

ビワの実の皮も種もすべてを使う「丸ごと命」の味噌です。わが家では焼き魚や和え物などで楽しんでいます。

①ビワの実は丸ごとタワシで洗って粗毛を取り、口を外す。実の半量のみりんとともにミキサーに2分かける。

②厚手の鍋に①と同量の田舎味噌、ねりゴマ少々を入れ、中火でよく練って完成。

③できたビワ味噌は、焼いた鶏もも肉、厚揚げ、ナスなど（ビワの葉の上に盛る）にかけて「ビワ味噌焼き」としていただく。そのほか、生のキュウリや大根、ゆで菜にかけたり、和え物やソースなどに利用。

◆ビワの種風味ヒジキ炒め

中国ではビワの種を杏仁の代用にするとか。アミグダリンのよい香り。

①ビワの種は洗って、ひたひたの水で約10分間ゆでる。米を炊くとき、ついでにビワの葉にのせて炊いてもよい。米にビワの葉と種の香りが移っておいしい。
②炊いた種の皮をむき薄く切る。
③水に戻したヒジキと千切りのニンジン、鶏もも肉をゴマ油で炒め、しょうゆ、みりんで調味し、②を加え5分煮る。または③をご飯に加え混ぜご飯にしてもよい。

◆ビワの葉ストックで金蓮花スープ

①ビワの葉は洗って、裏の毛をこすり取り、一人1カップの水を入れた鍋に小さくちぎって入れる。
②コンブ、ダシジャコ、シイタケの足などを加えて中火にかける。
③沸騰する直前にコンブを取り出し、弱火で10分煮てこす。しょうゆ、塩、酒で調味し、ゆでた春雨を加える。
④器に入れ、金蓮花の葉や花を浮かす。

◆ビワの種のこはく漬けおむすび

①ビワの種は外皮のまま、しょうゆと同量の酒で10分煮る。薄皮をむき、細かく刻ん

で煮汁に1時間つける。
②洗って天日干ししたビワの葉を手で細かくし、厚手鍋で薄く焦げ色がつくまでいり、すり鉢でする。
③炊きたてのご飯に、紅ショウガのみじん切りと①②を混ぜ、小さな俵型のおむすびを作り、洗った生のビワの葉にのせる。

四季通して利用、扱いやすく味も上々の街菜のエース

ノゲシ

種　キク科・越年草
分布　日本全土
生育場所　市街地、道端
採取時期　一年中
薬用など　解毒、痔、腫れ物

名前にケシとついているのは、手で折ると乳汁が出るから。でもケシの仲間じゃ素人には食べられません。花の色を赤紫に変えてみると…、ほらアザミにそっくりです。ノゲシはアザミの仲間。アザミはあの痛い毛がやっかいですが、ノゲシはとてもやさしく扱いやすい菜です。茎の中が空洞なので、ポコッポコッとおもしろいほど簡単に摘めるのです。指先で摘み集められるので、あっという間にカゴいっぱい。夕飯に「しゃき炒め」の一品が加わります。

寒い寒いと人間がちぢこまっている2月。日当たりのいいところなら、ノゲシはいち早く春の光りをキャッチして、果敢に花をつけます。そして、人が春を感じるころには、もう綿毛を用意しています。綿毛姿のノゲシを見つけると、私はフーッとひと吹きして、飛ばしてやります。「仲間を増やしておいで」って。

いちばん古顔のハルノノゲシは、四季を通じて芽を出します。暑さと寒さの厳しい

間は、タンポポのように地面にペタンと寝ころんでいますが、垣根の下や草むらの中では、お日さまに向かって緑の柔らかい芽を、ぐんぐん伸ばします。一見してアザミの葉のようで、春にタンポポのような花をたくさんつけます。同じ仲間のアキノノゲシは西洋の剣のように葉先がスーッと長く伸び、9~10月ごろ、グレープフルーツ色の花を咲かせます。葉裏に刺のあるトゲチシャも見られます。

扱いやすいノゲシは、味の実力もなかなかのもの。特に甘辛さや脂っこさなどが、濃い味の素材と組み合わせると、ごちそうになります。

こんなにおいしいのに、どうして日本では食べる習慣がないのか、とても不思議です。ヨーロッパやアジアの国々ではちゃんと蔬菜《そさい》として栽培しているのに…。モロヘイヤだの、ツルムラサキだの、高い値のついた珍しい野菜をもてはやしておいて、すぐそばに生えている値打ちものは見逃している、もったいない話です。

誰でもができる摘み菜って、どこかきれいな自然の中にわざわざ出かけて摘むのでなく、自分が住んでいる土地で元気に育っているものをいただきたい、そうすれば節度なく摘んで、自然をこわす心配がありません。

工場の空き地や駐車場の隅でたくましく伸びているノゲシ。なんだか「私を摘んで、食べてもいいよ」と、言っているよう。ノゲシは街菜のエースだなと思うのです。

◆ノゲシのシャキ炒め

豚肉やウナギなど、脂っこいものとの相性抜群です。

①ノゲシは3㎝ぐらいに切って、水の中でもんでさらす。苦みを抜き、さっと塩ゆでする。

②ウナギの蒲焼きを1㎝巾に切る。

③フライパンにゴマ油を熱し、洗ったモヤシを入れて炒め、①②を加え、蒲焼きのたれを回しかけ火を止める。

◆トゲチシャの梅風味

雑草と作物の共生したエコ畑で摘んだトゲチシャ。摘み菜の仲間で和食料理人の見事な発想です。梅の風味が苦みを包み込みました。

①オニノゲシやトゲチシャの葉茎の刺は火に魚アミをのせ、あぶって焼き切り、刺が炭化したら冷水にとる。

②塩を少し振って軽くもみ、3㎝に切り、さっとゆでて水にさらしておく。

③梅干しの種をのぞき、半量のハチミツとともに粗くすり、食べる前に②を和える。

◆ノゲシの洋風キンピラ

摘み仲間のオリジナルな逸品。同じキク科の野の菜のノゲシと、野菜のゴボウの組み合わせを思いつくなんて、さすが料理を楽しむ摘み菜人。

①ノゲシは３㎝に切って、さっとゆで水にさらして軽く絞る。

②ゴボウは３、４㎝のささがきにし、水につけザルに上げる。

③オリーブ油を熱し、１㎝に切ったベーコンをカリカリに炒める。

④小房に分けて洗ったマイタケと②を入れ、さらに炒め、塩少々を振る。

⑤ノゲシを加え、ワインを振って蒸し煮し、塩、コショウで味を整える。

ジュンサイのような
ヌメリのある芽を食用に

ギシギシ

種	タデ科・多年草
分布	日本全土
生育場所	畦道、溝、湿った草原
採取時期	一年中
薬用など	緩下剤

ギシギシの芽は「陸《おか》ジュンサイ」とも呼ばれ、芽先の薄皮をかぶった部分にジュンサイのようなヌメリがあり、おいしいものです。それに道ばた、野原など、やや湿ったところであれば、都会でも生えており重宝します。でも、あるとき、「ギシギシは蓚酸を含んでいるので、多食はしないようにしましょう」と、ある本に書かれていました。それ以来、一度にたくさん使う料理はしないようにしています。

タケノコも「あんまりたくさん食べると、ニキビができるよ」と、祖母が口癖のように言ってました。化学的な物質はそれぞれ違うのでしょうが、そういった原因となるものを昔から、「アク」と呼んでいます。

「秋ナスは嫁に食わすな」ということわざも、ナスはアクが強くて身体を冷やすので、大事な嫁には食べさせない、という思いやりだという説もあります。私はこういう、東洋医学的な考え方がとても気になりますので、焼きナスには思いっきりたくさんのショウガをのせていただきます。

よく似たスイバも蓚酸を含んでいますが、欧米ではソレルといい、野菜として食べられています。特に若芽をサラダやソースの材料に使うのだそうです。ギシギシの葉の基部がハート型か円形をしているのに対し、スイバの基部は矢じり型なので簡単に見分けられます。

大阪弁で満員電車の中のような状態を「人がギシギシに詰まっている」と言います。このギシギシとは夏から秋にたくさんつく、ギシギシの実の状態のことを言っているのだそうです。その話を聞いて以来、「この実をソバ殻みたいに使って、枕を作ったらおもしろそう」と思っています。でも、乾かしているうちに、ほとんど風に飛ばされてしまいそうで、まだ実行はしていません。

◆ギシギシの芽のスープ

①ギシギシの芽を摘み、長いものは二つに切る。
②玉ネギは皮のままタワシで洗い、薄皮でダシをとる。
③ベーコン、玉ネギの薄切り、ショウガのみじん切りをさっと炒める。

④1人1カップの水を加えて煮て、塩、コショウで味付けする。
⑤火を止めて①を加え、すぐに盛る。ギシギシは長く煮すぎると緑がくすむ。

◆ギシギシの花穂のふりかけ

①ギシギシの花と穂を3日ほど天日に干す。
②①をたっぷりのしょうゆと酒で煮て、汁気が減ったら粉かつおを加える。
③火を止めて、チリメンジャコ、白ゴマ、青ノリを混ぜる。

ウワバミソウ

ヘビのイメージ払おうと愛称探し。お気に入りは「ミズ」

種　イラクサ科・多年草
分布　日本全土（北の地方に多い）
生育場所　谷沿いの湿地の日陰
採取時期　4～10月
薬用など　下痢止め、黄疸、水腫

ウワバミとはヘビのこと。この草姿がヘビに似ているのでしょうか。いいえ、山沿いの流れのそば、ちょっと日陰でヘビが好みそうな場所に群生する山菜だからです。別名クチナワジョウゴ（口縄上戸）は、エサを丸飲みしたヘビが消化を促すために、この草を好むという意味のようです。この植物名から、生息場所や薬効、それに「長靴必要、マムシに注意！」なんて、摘み菜の心得まで教えてもらえるようで、おもしろい名付け方だと思います。

でも、摘み菜膳ではそう手放しで喜んでばかりはいられません。「イラクサの仲間、ウワバミソウのたたきです」と、一鉢をすすめると初めての方はドキッとされますから。摘み菜のお品書きには、もう少し優雅で「わあ、おいしそう」と、手が出せる呼び名があればと、あちこちでウワバミソウの方言を調べてみたらありました、別称が10以上も。「この草はおいしい菜だよ」と、日本中で愛されている証拠のように。どの愛称からも、この菜の生態や料理法が見えてきて、まさに「名は態を表す」です。

まず、「ミズ」「ミズナ」は東北地方の呼び名です。水辺に群れ、茎がひすい色に透き通るみずみずしさを讃えているのでしょうか。春から秋まで、「山さ行けば摘んでくる」人気の山菜だとか。秋田育ちの友は「シャキシャキと歯触りのいい茎、生で細かくたたけばとろろ風、酢を落とすと、味と紅色が引き立つよ」と、懐かしそうでした。

「ミズのたたきとろろなら、おいしそうに感じるね」と、ミズの名を愛用していたら、植物図鑑に標準和名ミズ属のミズはウワバミソウとは別種と、写真を並べて書かれていました。標準和名ミズの葉は長い柄のある菱形で対生、ウワバミソウの葉は柄がなく、茎にぴったりと付いています。青ジソの葉を細長くし、下側が広い左右不対称で互生です。本名ミズと愛称ミズ、いったいどっちをミズと呼べば…と、混乱寸前の私に、判別の神の出現です。

「兵庫県の北部で摘んだアカミズです」と、キノコの達人から届いた40㎝丈のウワバミソウは、湿った紙できちんと巻かれ、菜を思う心が伝わります。茎は透明で根元近くは赤みがかり、上部はひすいの青さです。なるほど、アカミズ、アオミズの呼び名も、ミズを摘み分ける目安だったのです。

さらにシズクナ、谷ミズナだと聞けば、山水の滴るところで出会えそうと、心うきうき。あの名、この名に誘われて摘み菜仲間はミズの目です。

奈良の6月、大天井滝。左右の岩にはシズクナが群れ、白い緑の花に柄があるのは雄株。花が茎にくっついて咲く雌株。「そういえば、この花たち、ソバの花に似てるわ。だから別名イワソバとも言うのね。この茎の節が麦チョコ色でコブ状のムカゴになる秋のころ、また来ましょ」。摘んだとき、抜けやすい根を土に埋めながら、秋のイワソバの姿を想像します。

◆ミズ茎のぬくぬく味噌かけ

ウォッチングが雨で中止。急きょ、調理実習に切り替えたものの、火を使わずに雨をはね返せるような、体の温まる料理は？「必要は発明の母」たちの創作逸品です。

①土ショウガとユズの皮をみじんに切り、同量の赤味噌と黒いりゴマ、梅酒を合わせて練る。

②ウワバミソウの茎を3cmに折りながら皮をむき、器に盛り①をかける。むいた薄皮は洗って天日に干し、いって七福茶の一品に利用。

◆たたきミズナ

秋、京都・大江山の摘み菜人からいただいたムカゴがコブ状にふくれた谷ミズナ。別名コブトロロ、トロロジソの名に恥じない粘りでした。

①ウワバミソウの茎と葉はさっとゆで、水にとり絞って細かく刻む。まな板の上で粘りが出るまでトントンたたく。

②刻んだ梅肉を①の半量合わせる。

③湯豆腐にのせ、もみノリを散らす。焼き餅、温かいご飯にのせてもおいしい。

◆アカミズの錦巻き

①ウワバミソウの葉をゆでて刻む。

②①を同量の佃煮ノリとすり鉢でする。

③甘柿を小指の太さに切り、小量の酢に浸す。

④ウワバミソウの茎はゆでて、皮をむく。

⑤卵を溶き、水溶きクズ粉を小量加え、塩、みりんで調味し、薄焼き卵を作る。

⑥巻きすの上に薄焼き卵を広げて、②を薄く伸ばす。その上に④の茎をひと並べにし、

中央に③を置いて、手前から巻く。
⑦しばらくなじませ、3cmに切って、切り口を上に向け器に盛る。

◆ウワバミソウの赤だし

①かつお、コンブでダシをとり、赤だし味噌を溶いて調味する。
②別鍋の味噌汁で軽く煮たマグロのすき身（またはイワシだんご）を碗に入れる。
③ウワバミソウはさっとゆでて水にとる。
④いただく直前に熱い汁を注ぎ、③を2cmに刻んで浮かべる。碗種はほかに生麩やヨモギ麺でも。

◆ウワバミソウのみぞれ煮

①ナスは半割りにし、長さを半分にした後、1cm厚さに切る。水でアクを抜く。
②豚モモ肉は一口大に切る。
③ウワバミソウの葉と茎はゆでて水にとる。
④しょうゆ1、みりん1、水4を合わせ、①②を入れて中火で煮る。
⑤肉とナスが煮えたら③を加えて、火を止め、大根おろしを混ぜる。

⑥器に盛り、おろしショウガを天盛りにする。

シロザ・アカザ

夏に元気な菜。
次々と新芽伸ばす野生種の生命力

種　アカザ科・一年草
分布　日本全土
生育場所　陽地で肥えた土の畑、道端、市街地
採取時期　6〜11月
薬用など　鎮痛、健胃、強壮

日照りが続く暑い夏、野山の草木の元気がなくても、シロザ・アカザは空き地や河川敷などで、1mにも育っています。アクがなくて柔らかい菜ですが、若葉のころ、有毒のアメリカイヌホウズキとよく似ています。

アカザは菱形のような葉が集まった芽心（座）が紅く、小細胞が葉の表面に飛び出して、指先で触ると粉っぽく感じます。芽心が白いシロザを、昔の人が観賞用に紅い座にと作った園芸種で、まさに太古のポインセチアです。

近ごろ、街ではシロザに押されて、アカザをほとんど見かけなくなりました。2年ほど前の7月、三重県・津市の病院のそばで、偶然に一面のアカザの群生を見つけました。久しぶりのアカザの芽心の紅色に見とれながらも、「摘んで帰って、ベーコン炒めにしよう」と、すっかり嬉しくなりました。

お見舞いをすませての帰り道、その草原にブーンと不吉な音が…。近づいて見ると、

案の定、にっくき草刈り機の音。一面のアカザがなぎ倒されて、土だらけになっていました。「何ということを…」と、つぶやきながら、やっと見つけた1本を大切に家に連れて帰りました。が、畑に植えたところ、もとからあったシロザと交配して、今年出た芽の芯は紅くはなってくれませんでした。

シロザは夏の終わりに緑白色の花をつけ、秋になるとオカカズノコとも呼ばれる、小さな実をびっしりつけた穂を実らせます。「プチプチした実もおいしいわ。夏の間、シロザに水やりしました」と、摘み菜仲間。花穂の時期には、ケアリタソウと草姿がよく似ています。でも、ケアリタソウは洋風の強い香りがするので、摘むときは香りを確かめて摘みましょう。

アカザは春から秋にかけては、摘んでも次々と芽を伸ばすので、昔は飢餓に備えての救荒植物として大切にされていました。また、ビタミンA、B_2、C、カリウムを多く含み、高血圧や動脈硬化などに効くと言われています。が、食してすぐあとに強い日光に当たると、ごくまれに発疹が出ることがありますので、一度にたくさん食べるのはひかえましょう。

セミナーなどで「ほうれん草もアカザの仲間よ」と話すと、「ひと味違うおいしさがあるね」と言われます。同じアカザ科のほうれん草、テンサイなどの栽培種は手軽に食べられていますが、野生種はアクが強く、固くてまずいと敬遠されがちです。そう思い込まずに、私は何万年の昔から踏まれても抜かれても、種をつないできたすばらしい野生の生命力を、暮らしの中に戻したいと思っています。

◆シロザのベーコン炒め

油と相性がいいので、いろんな脂肪をプラスワンすると、不思議！ パサついた菜がしっとりとした味わいになりました。次に紹介するキンピラと並び、シロザの定番メニューです。また、キノコとのバター炒めもおいしいです。

①シロザは柔らかそうな部分を枝ごと水につけ、芽心の粉を指先でこすって洗い落とす。

②柔らかい葉、茎、実を摘み集め、さっと塩ゆでし水にさらす。ザルに上げ水気を切る。

③ベーコンを一口大に切り、フライパンでじっくり焼いて油を出す。

④シロザを加え、しょうゆで味をつけ、粉山椒を振る。

◆シロザのキンピラ

ゴボウ、ニンジンなどの香りのよいものと合わせてもおいしいです。

①シロザは前項の①②のように洗ってゆでる。

②ゴボウはタワシで泥を落とし、皮ごと薄く斜めきりにしてから千切りにする。酢水につける。

③土ショウガも千切りにし、天盛り用に少し残し、イカは3㎝の短冊に切る。鍋に油を熱し②と③を炒め、シロザを加え、かつお、みりん、しょうゆで調味する。だいだい色のノカンゾウの花を加えるときれいに仕上がる。

◆シロザの当座煮

①シロザの葉と柔らかい花穂が3、4㎝のところを摘み集め、さっとゆでて水にさらす。

②厚手鍋にしょうゆ、酒、みりん、ゴマ油、同量のダシ汁と粉かつお、厚揚げをそぎ切りにしたものを加え、とろ火で10分（圧力鍋なら5分）煮る。

◆アカザの梅シソ寿司

①梅干しの赤ジソは細かく刻む。
②シロザ、アカザの葉や穂は塩ゆでし、水にさらすと鮮やかな緑色になる。その後、細かく刻む。
③卵に塩とみりんを入れ、いり卵を作る。
④固めに炊いたご飯に①②③を加えて混ぜる。紅、黄、緑の三色がにぎやかなちらし寿司のできあがり。

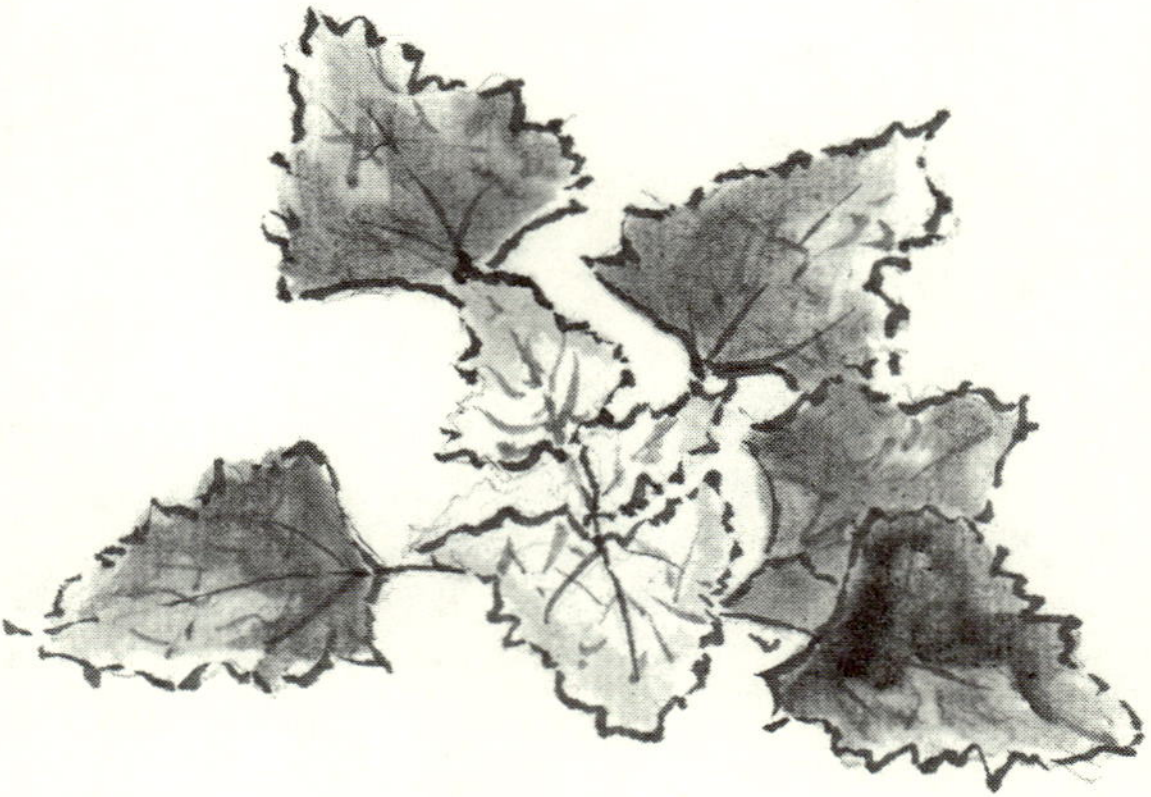

苦みもなく夏のお助け菜。
青い花はいにしえの染料に

ツユクサ

種　ツユクサ科・一年草
分布　日本全土
生育場所　少し湿った道端、木陰
採取時期　6〜10月
薬用など　扁桃腺、湿疹、解熱、下痢止め

木陰にツユクサ群れて咲く
夏の青空　ぼうし花
「あなたの涼しさ　ちょうだいね」
露に濡れてる緑を摘んで
ひすいわらびを　つくりましょ
いにしえ人も　衣を染めた
青花ひとつ　トッピング

ツユクサは夏のお助け草だと、摘み菜仲間は言います。「葉はササに似ていて柔らかく、日照りの中でもどんどんつるが伸び、苦みもないので重宝です」と。鮮やかな2枚の青い花びらは、ミッキーマウスの耳のよう。朝陽を受けて咲いた花を目印に、芽先を摘み集めましょう。午後になると花はしぼんでしまいますから。根を傷めないようにポキポキ手折ります。

　ほかの菜でもそうなのですが、指先で軽く摘める部分が、柔らかく食べられるところなので、ハサミなどは使いません。

　ツユクサの万葉名は「つき草」です。花びらを布にすりつけると、「青い模様がつく草」という意味でしょう。今でもアオバナと呼ばれ、友禅の下絵描きには、欠かすことのできないものです。水で洗うと消えるという、この花の色素の特徴を、うまく生かした使い方ですね。

「ツユクサはおいしいよ」と話すと、よく「庭先に植えてあるムラサキツユクサも食べられますか」と、たずねられます。これは明治の初めに観賞用として日本へ入り、各地で栽培されました。草丈は50㎝ほどで、イネのように長い葉を持ち、茎の先に3枚の花びらの青紫の花が二つ三つ同時に咲きます。全草が利尿剤に使われますが、葉や茎は毛が多く、筋っぽくて、サラダやおひたしには向きません。

　ほかにもツユクサの草姿にそっくりで、白い3枚の花びらをつけ、年中、緑の葉を元気に伸ばすトキツユクサ（ノハカタカラクサ）は、日本庭園の下草用に重宝された園芸種が野生化したもので、京都に多く見られます。葉の細かい毛は天ぷらやみじん切りにすると気になりません。

私の摘み菜好きは母ゆずりです。共働きで忙しかった母といっしょに、菜摘みしながらの会話は、親と子の恰好のコミュニケーションの場でした。そのころ、母と参加した植物観察会で「ツユクサを食べると湿疹に効くよ」と、講師の先生に教えてもらい、宝物を見つけた気分で、青い花束を作ったことを想い出します。

◆ツユクサのひすいわらび餅

ひすい色の冷菓に、花蜜をかけていただきます。

①ツユクサは柔らかい部分を摘み、さっとゆでて細かく刻む。
②水2カップとともにミキサーにかける
③②にわらび餅粉半カップ、ハチミツ大サジ3を加え、さらに1分回す。
④鍋に移し、中火にかけ木ベラで底から混ぜながら透き通るまで練る。
⑤小サジ2本で一口大にちぎっては氷水に落として冷やす。
⑥花蜜やジャム、きな粉をかける。

◆ツユクサのご飯

朝食にも手軽に手元の材料で作ってみましょう。

①ツユクサの芽や葉の柔らかい部分を一人分あたり一握り摘み集める。

②さっとゆで細かく刻み、塩少々をまぶして緑の色止めをする。

③塩鮭は焼いてほぐし、ゴマはいる。

④熱いご飯に②③を混ぜ、青花を飾る。

◆ツユクサのスープ

①ツユクサの芽先はゆで、若い茎は生のまま2㎝に折りながら皮をむく。むいた皮は干して摘み菜茶に利用。

②コンソメスープにカニカマボコをほぐして入れ、塩とコショウで味をととのえ、食べる直前に沸騰させる。

③スープ皿によそい①を浮かせる。

◆ツユクサのユッケビビンバ

①ツユクサは塩ゆでし、ニンジンと大豆モヤシは蒸しゆでにし、たれと一味で調味する。たれはゴマ、ゴマ油、しょうゆ、刻みネギ各大サジ1、塩小サジ1を混ぜて作る。
②ゼンマイはたれとダシ汁で煮る。
③細切りのマグロをたれと味噌で和える。
④どんぶりのご飯に①~④を放射状に盛る。

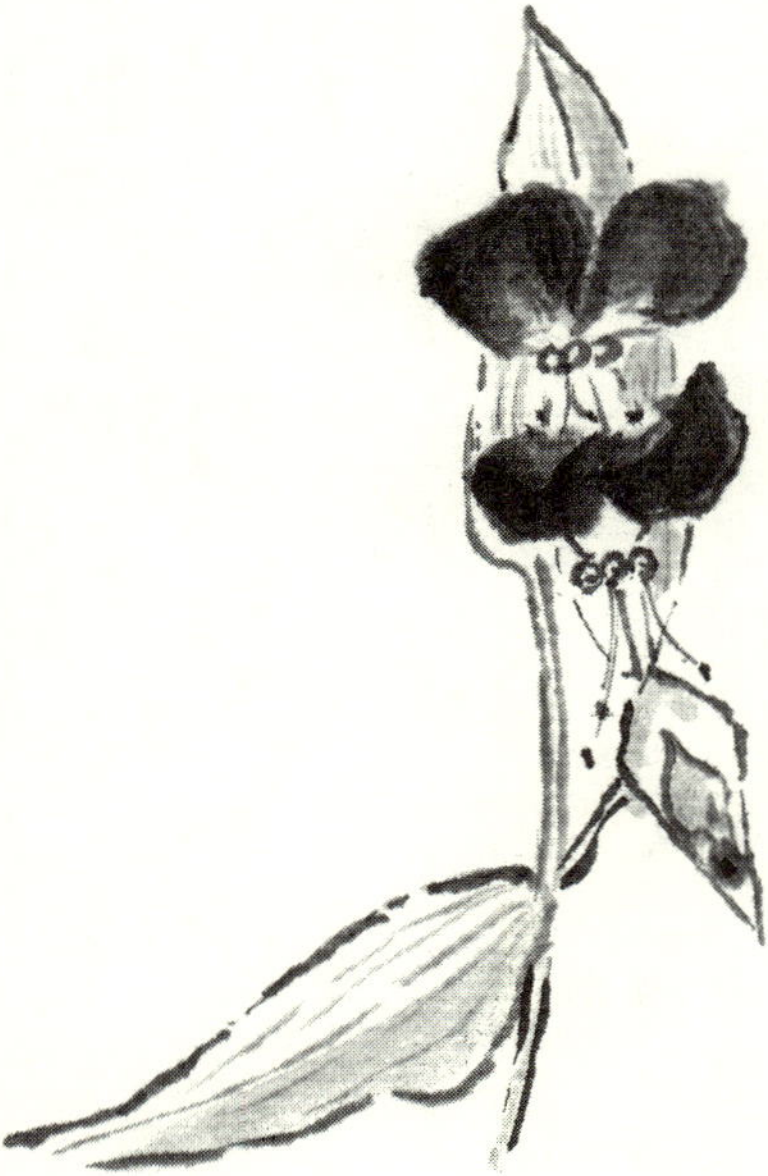

アロエ

語源は「苦味」。食用は葉のゼリー質を取り出して

種　ユリ科
分布　日本全土（南アフリカ原産）
生育場所　庭などで植栽
採取時期　一年中
薬用など　胃炎、胸やけ、便秘

「医者いらず」の別名があるほど、アロエには多くの薬効があります。ただ、苦味が強いため、「家にもあるけど使っていないわ」と言う方も。そう、アロエの語源はアラビア語で「苦味」ですから。

家の畑に夫が植えてくれたアロエは、いくら友人に差し上げてもどんどん増えます。それは茎が木のように立ち、グリーンの茎には模様のないキダチアロエです。ほかに葉の表面にシャボンを泡だてたような模様のあるシャボンアロエや、葉肉が淡いあかね色になる品種などが、日本ではたくさん栽培されています。株によって葉の外皮の苦さはまちまちですが、薄切りにして味わってみると、シャボンアロエなどは苦味が少なく、皮のままでも大丈夫です。

アロエは夏の間、水やりを少しにすると、冬にはユリの花を細長く、ずっと小さくしたような朱色の花が集まって、穂状につきます。花の少ない季節なので、この色が

摘み菜料理を引き立ててくれます。ほかの摘み菜と炒めたり、サラダにしたり、スープなどにも、花色があせることがなく、甘みがあるので重宝です。

「アロエは便秘や胸やけ、やけどに効くよ」と、私はアロエの料理をしたときに付け加えます。いろいろな菜の薬効は、各人の体質や症状によって違うようです。私には効果てきめんですし、友人は皮膚のシミがアロエのゼリー質を貼って、とても薄くなったそうです。

「やけどにアロエの汁を塗ったけど効かなかった」と、おっしゃる方がありました。それは使い方が違うようです。塗り薬のようにすり込むだけでなく、やけどをしたらすぐに3㎝ほど切った葉を2枚に開いて、中のゼリー質で患部を覆い、輪ゴムで軽くとめておきます。10分ごとに新しいものと取り替えると3回も替えるころには痛みも消え、水膨れもできないで、無事に終わってしまいます。やけどには外用なので、1日中遣い続けても副作用はありませんが、胸やけや便秘のときは1日に1本ぐらいが適量でしょう。

妊婦には使用しないでください。和漢薬草事典には「アロエの中に含まれるバルバロインは、胆汁によってアロエエモジンに変化し、強い下痢を起こす。アロエエモジンは直接子宮収縮を促進し、月経過多、早産、流産を起こしやすい」という、要注意のことも書かれています。

薬草と一口に言っても、常にプラスに働くとは限りません。一度に多量に食べたりせず、自分の体調を見ながら、いろいろなものを少しずついただくように心がけています。

◆アロエの付き出し

酒宴の初めにこの一品を出し、「透明なのはアロエです」と話すと、意外さと安心感で座がなごみます。

①まずゼリー質を取り出す。アロエの葉はくぼんだ方を上にして、葉の付け根の方から2枚にそぐ。緑の外皮が苦いので、ゼリー質に外皮が残らないように厚めにむく。

外皮は薬効が強いから捨てずに、焼酎に漬けたり、布に包んで浴槽剤に使う。

②お好み焼きに使う金のヘラなどで透明のゼリー質だけをこそげ出し、一口大に切る。水洗いしザルに上げる。

③小鉢に4、5切れ盛り、佃煮ノリや生タラコ、酢味噌などをのせる。和えると水っぽくなるので、食べる前に濃い味のものをのせること。

◆アロエてん

子供と作ることができます。たちまちできるゼリーです。

①前項①②のようにゼリー質を取り出して水洗いする、細長く切るとツルツルと食べよい。

②黒砂糖と同量の水を煮て蜜を作る。

③ガラス小鉢に①を入れ②をかける。きな粉やシナモン粉をかけると、香りのよいわらび餅風になる。

◆アッタデココサラダ

身近なアロエで流行のナタデココ風味のサラダを。うちにもアッタデココ。

①同様にしてアロエのゼリー質を取り出

す。苦いときは洗ってもよい。
②リンゴは八つに割って芯を取り、5㎜のイチョウ切りにして、塩水につけザルに上げ、①と干しブドウを合わせる。
③ヨーグルトにオリゴ糖少々を加え②をかけ、ハッカ、またはミントを散らす。

イノコヅチ

重宝する街菜。歯ごたえあるものと組み合わせて

種	ヒユ科・多年草
分布	本州、四国、九州
生育場所	道端、ヤブ、市街地
採取時期	3～10月
薬用など	浄血、脚気、関節炎

漢字では「猪の小槌」。草の茎は四角形でそれぞれの節が膨らんでいます。その膨らみがイノシシのかかとの小さな小槌形の骨に似ているところが名の由来だそうです。そう言われてみると、動物の関節のように見えてくるから不思議です。

この関節に似た茎からの連想でしょうか、民間では関節痛に効くと言われ、薬として使われ、ヒナタイノコヅチより、ヒカゲイノコヅチが効くのだそうです。野原にはヒナタイノコヅチが多く、林の中などにはヒカゲイノコヅチが多く見られます。どちらも秋に逆針のある実をつけ、草むらに踏み込んだ人や動物の全身にくっつき、種が運ばれます。

こんなにありふれたものが「菜」であれば、食べるものには困らないね、ということで調べてみました。毒のものがほとんどないタデ科の仲間なので、少し生の葉をかじってみます。葉の裏は白い毛が密生していて、かなり固いようです。それで芽心の

部分だけを摘んで、ゆでて汁の実にしてみました。

思ったとおり、抵抗なく食べられる仕上がりになりました。また、貝の身やキノコなど、少し歯ごたえのあるものとの組み合わせてみても、おいしい一品になりました。その成功以来、都会でも見られる菜を「街菜」として重宝しています。

似た植物にミズヒキソウというのがあります。葉に八の字形の紋があるのが特徴です。これは最近どんどん数が少なくなっている植物なので、採らずにそっと見るだけにしてほしいと思います。

◆イノコヅチの天ぷら

①イノコヅチの若い穂は葉ごと、天ぷらの衣をつける。箸で軽くしごいて、余分な衣を落とす。
②中温の油で揚げ、ハコベ塩（340ページ）をかける。

◆鈴里汁

①イノコヅチの若い葉は、一人分片手いっぱいほどゆでて、細かく刻む。

②白玉粉に黒ゴマ、①、水を加え、耳たぶの固さにする。棒状にし、一口大に切る。ゆでて椀に入れておく。
③煮干しと早煮コンブでダシをとり、コンブは細かく切り、エノキとともに鍋に戻す。
④赤味噌を溶き、ひと煮たちしたら椀に注ぎ、ゆでた芽先を浮かす。

◆イノコヅチ入り三福茶

①ひっつき虫と呼ばれる固い実のついたイノコヅチを根ごと抜き、天日でよく干し、2、3㎝に切る。
②弱火でクズの葉、ヨモギといる。
③ヤカンに水1ℓ、②をひと振り入れ、沸いてから7、8分煎じる。

香りを楽しむだけで満足、
迷わず風呂の入浴剤に

ハマゴウ

種　落葉低木樹・クマツヅラ科
分布　本州、四国、九州、沖縄
生育場所　海辺の砂地
採取時期　4～10月
薬用など　頭痛、感冒、清涼剤

初夏のころ、砂浜でいちばん出会いたいのはハマゴウです。砂浜ではうように茎を伸ばしているのですが、風の強いところでは、茎は完全に砂に埋もれてしまって、枝先だけが突き出したように見えます。少し触れただけで枝全体から清涼感のある香りが広がります。香りに誘われてしゃがみ込んでみると、つぼみに隠れて目立たなかった紫の花が群がって咲いています。この花姿には香りとともに、凛《りん》という言葉がよく似合うと思います。

私はこのハマゴウのある風景を楽しむだけで心が満足します。そのせいか、こんなに好きな花なのに、ハマゴウを使った料理はあまり多くは試していません。

大好きなハマゴウも秋の終わりには、花はもちろん、葉もみんな落ちています。そばで黒い実を見つけました。何の種だろう、と拾い上げてみると、あの香り。私はうれしくなってバッグに5、6個入れて帰りました。開けるたびにいい香りがして幸せな気分になります。

この実は漢方では蔓荊子《まんけいし》といい、頭痛に効くとされているようです。以前、新聞にこの実を拾い集めて「星の観察枕を作ろうと思う」と、書いていたお医者さんがいました。きっと頭痛知らずで素敵な夢が見られるだろうなと、私もほしくなりました。

種がなかなか集められなかったら、迷わずハマゴウ風呂です。天日に干したハマゴウの枝を一束、布袋に入れ、お風呂を沸かします。さわやかな香りで心も身体もリフレッシュします。お湯を張るタイプのお風呂では、一度鍋で沸騰させたハマゴウをお湯ごとバスタブに入れた方が香りもよく出ます。

◆ハマゴウ茶

①ハマゴウは枝先を10本ほど摘み、軒先に逆さに吊して干す。夏の風でしっかりと乾かしたものはビンに入れ密閉して適時使う。
②急須に緑茶の葉と①を軽くもんだものを入れる。湯を注ぎ、5分間おく。

◆ハマゴウとカボチャのホットプレート焼き

①ハマゴウを天日に干し、完全に乾いたら葉だけを手でもんで細かい粉にする。

②カボチャをホットプレートに並べる。塩、コショウ、①を振って蒸し焼きにする。

③裏返したら、カボチャの種（皮をむいた緑色のもの）を加え、さらに焼く。ハマゴウの粉はほかにスパゲティ、手作りソーセージ、アサリのワイン蒸し、キノコソテーなど、洋風のメニューにも。

タデ

幼い日の「赤まんま」、飾り花からおいしいふりかけに

種　タデ科・一年草
分布　日本全土
生育場所　野原、道端
採取時期　一年中
薬用など　回虫駆除、下剤

イヌタデの花穂を「赤まんま」と呼んで遊んだ幼い日、でもそれはままごとの世界で、今夜の夕ご飯にとなると、考え込んでしまうでしょう。私もタデを食卓にのせるのは、もっぱら飾り花としてでした。赤まんまが花をつけはじめる夏のころ、少し早咲きの野菊の2、3輪と、土っぽい湯飲みに差します。不思議、そこにはもう秋の涼しげな風が吹いています。

「かわいいね」と話しかけて紅色の花穂に触れると、ポロポロと手のひらに実がこぼれます。殻をかぶった実は丸いとばかり思ってたけど、三角でそばの実のミニチュアみたいです。「そういえば、ソバの仲間だったね」。プチッと歯でかみながら和漢薬用図鑑を開きます。「イヌタデ・若葉をゆでて食す」とありました。「若い葉はちょっとザラザラしてるから、パリパリにいってみよう」。タデとタラコのかわいいプチプチふりかけのできあがり。秋にはオオイヌタデ、オオケタデ、ボントクタデたちも街の草

原に咲き乱れます。

摘んで飾り、見て楽しんで、明日は本物の「赤白まんま」に変身です。

ところで、「タデ食う虫」で気になる、あのピリ辛のヤナギタデ。その別名ホンタデとは、葉も実も辛く「口がただれそう」だからとか。

大阪の淀川でも、10年前にはそこここで出会えたのに、護岸工事で河原も湿地が減り、姿を消しました。

あるとき、ホンタデの苗をもらい、家でもよく育ち、その上、うれしいことに水に5日ほど差した小枝から白い根が出ました。今年、私は「タデまきおばさん」。そのうち淀川でもホンタデの花見ができそうと「タデ食う虫」たちは待っています。

◆ヤナギタデのアユ寿司

①ヤナギタデは生で小口切りにする。一人分小サジ1。
②キュウリは薄切りにし、塩小サジ1で軽くもむ。
③アユの塩焼き、またはカニの身をほぐす。
④①〜③を寿司飯に混ぜる。

◆タデのふりかけ

①タデの仲間の実をしごき、刻んだ葉とともに厚手鍋で塩を加えている。
②イノコヅチの根の柔らかそうなところをみじん切りにする。
③ソバ米（または玄米）をすり鉢で砕いて①といり、ほぐしたタラコを加えて、パチパチはねたら火を止める。

◆タデアイ茶

①タデアイは花が咲き始めたら、根元から切って干す。2cmに切る。
②急須に一人一つまみ入れ、熱湯を注いで10分おく。
③湯飲みに注ぎ、花穂を浮かべる。

シソ

夏のわが家ではメインの菜。精神安定の効用も

種　シソ科・一年草
分布　日本全土（中国原産）
生育場所　畑などで栽培
採取時期　6〜9月
薬用など　気管支炎、感冒

「シソさえあれば、この世は安心」と言うほど、わが家では畑で育つシソが夏の主野菜になります。朝起きるとまず、夫が畑に出ます。シソの芽に小さな虫がつき、細いクモの巣のような糸で住みかを作り始めているからです。虫取りのすんだシソを摘んで、料理するのは私です。セミの声とともにどんどん大きくなったシソの枝をチョンチョンと一抱えほども摘み、台所の流しの前の深鉢に、束のままどんどんと差しておきます。

まず、朝はシソご飯。といっても家で使うシソの量は半端ではありません。両手に山盛りいっぱいを塩でもみ、4人分のご飯にチリメンジャコと混ぜます。そんなふうに使っていると、一抱えもあったシソは夜にはなくなってしまいます。

そんなにたくさん食べても大丈夫？　と思われるでしょう。いくらたくさん採れても、ワラビのように多食してはいけないものもあるので、調べてみました。多食はい

けないという記述はなく、鉄分を含んでいるので、貧血によく、精神安定にもよいそうです。そんな効用を娘たちに幼いうちから話していたようで、何かのことで上の娘をしかっていると、「お母ちゃん、そんなにカッカせんと、シソ茶飲んだら」と、下の娘がコップに入れてもってきたということがありました。

少し前まで、梅干しを作るときに使った赤シソの葉の残りの茎や根をお茶にするというのは一般的な知恵だったんでしょうか。私が子供のころ、遠泳のあとに飲んだシソ茶はそうやって作られていたようです。家ではそれを思い出して、葉っぱを使い切ったあとの茎を切って干しシソ茶を作ります。

シソがもっと伸びて穂が出ると、柔らかいうちは実をご飯やコンニャクや肉だんごに入れます。でも、うっかりしていると、すぐに種になり固くなってしまいます。それもお茶にします。これでシソの命をまるごといただけたと、私は大満足です。

◆うずシソ

切り口が「うずしお」みたい。小さな葉も虫食い葉も無駄にすることなく、たっぷり敷き詰めて。食欲のないときにもおいしい。

①青シソの葉は洗って水気を切り、盛りつけ用に一人2枚ずつ残しておく。
②豚もも薄切り肉は一人1・5枚ほど用意し、ラップの上に10×15㎝巾に一重に広げ、同量のねりゴマと白味噌にみりんを少し入れたねりゴマ味噌を薄く塗る。その上にもう一重青シソを隙間なく広げ、手前端からきっちり巻いていく。
③最後にゴマ味噌を薄く塗って端を止め、ラップを外し、フライパンにゴマ油を少し熱して、肉の色が変わるまで焼く。
④冷めてから中央で半分に切り、それぞれ斜め二つに切り、切り口を上にして、シソの葉の上に盛りつける。

◆青シソ赤シソコンニャク

①コンニャク粉25gは900ccの水に振り入れ、木杓子でよく混ぜる。中火にかけ、透明な糊状になるまで練りながら7、8分煮る。
②青シソは洗って細かく刻み、水にさらして、水気を軽く絞る。
③水溶きの凝固剤と②を①に入れ、手早く練り、粘りが出たら鍋底に押しつけ、気泡を抜く。
④まわりから水を注ぎ、十文字に切れ目を入れて、中火で20分ゆでる。

⑤梅漬けにした赤シソをみじん切りに刻み、すり鉢ですって、甘酢でのばした赤シソのたれを添える。

◆シソ巻きご飯

①青シソの葉は洗って水気を切る。
②タチウオのみりん干し（またはアジの干物など）は軽く焼いてほぐし、①と皿に盛る。
③青シソにご飯を一口大にのせ、②をはさんでいただく。

◆秋のデザート

①赤シソは600ccの水からゆでてこし、粉寒天を小サジ2、砂糖150gを溶かす。
②火からおろし、クエン酸小サジ1を入れ、鮮紅色になるまで冷やして固める。
③赤ブドウは皮をむいて二つ割りにして種を取る。
④ハギ、ナデシコ、モクセイなど、秋の食用花を洗い、水気を切る。
⑤②を1㎝角に切り、③と合わせ、④の花を飾る。

◆シソジュース

①赤シソ一握りと青シソ一握りは2ℓの水に入れて煮たたせ、5分ほど中火で煮て色と香りを出す。

②ザルでこし、2倍の水で薄め、砂糖300gを溶かし、飲む前に一人1／6個のレモンを絞って混ぜる。

◆シソのふりかけ

①シソジュースの②でザルに残ったシソの葉は、固い茎を除いて縦横にみじんに刻み、鍋でゆっくり空いりする。

②パラパラになったらチリメンジャコ、白いゴマ、塩、しょうゆを少々入れ、さっといり上げる。

③熱いご飯に振りかけていただく。

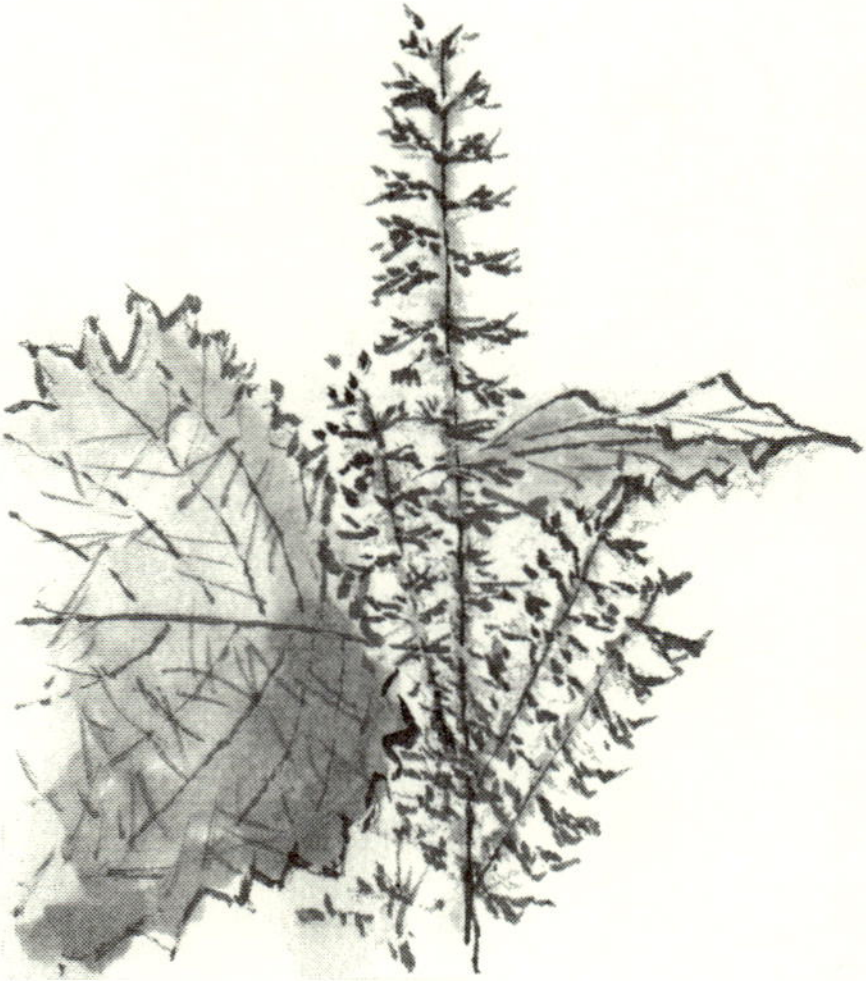

かんかん照りにも元気菜。
東北では乾燥させて正月料理に

スベリヒユ

種	スベリヒユ科
分布	日本全土
生育場所	日当たりのよい荒れ地、庭、畑
採取時期	7〜9月
薬用など	抗菌、肝臓病、解毒

家の畑の邪魔物として、夫に嫌われているスベリヒユを、朝、根っこごと抜いてきて、セミナーの皆さんに観察してもらいました。「これ、タコ草って言ってた草やわ」「ままごとに使ってた」「田舎では、母がこれを細かくたたいて納豆のようにして、食べさせてくれたわ」と、小さいころの思い出話がたくさん出てきます。

夏、かんかん照りの天気が続いても、スベリヒユだけはみずみずしくて元気。どんどん増えていきます。昔、干ばつのときにはこれを食べて、飢えをしのいだ救荒植物のひとつです。そういうところからか、東北地方ではこの菜を非憂菜《ひゆな》と呼び、夏の間に摘んでゆで、茎だけを干しておいたものを正月三が日に、お揚げさんと炊いて食べます。この年も「憂うに非ず」という縁起物なのでしょう。沖縄では肝臓病、湿疹に、漢方では解毒、血便、産後の腰痛などに用いるそうです。

街角のプランターに、葉っぱがスベリヒユみたいなんだけど、マツバボタンのような色とりどりの花が咲いている、というのに出会ったことはありませんか？

それはハナスベリヒユ（ポーチュラカ）と呼ばれ、１９９０年に大阪で開かれた花の万博以来、よく植えられるようになりました。夏の盛りにも水やりが少なくて成長がよく、色とりどりやさしい花が咲くのが人気の秘密でしょう。葉はスベリヒユで花はマツバボタン。不思議に思って調べてみると、この二つを交配して生まれた園芸種だそうです。

ヨーロッパではスベリヒユよりも大型の、タチスベリヒユという品種があり、蔬菜として栽培され、スープやサラダに使われているそうです。私は安心して、このハナスベリヒユで夏の摘み菜膳を彩ります。

◆スベリヒユの五色冷麺

スベリヒユがモヤシの食感です。ほんのりピンクをおび、ヒジキの黒が映えます。
①スベリヒユは指先で摘める柔らかい部分を3、4㎝に摘み集める。さっとゆで、冷水でアクを抜きザルにあげる。
②ヒジキは10分間水に戻し、ザルにあげ、しょうゆとゴマ油を振っておく。

③白髪ネギと大根の千切りにもしょうゆとゴマ油を振り、30分おく。
④卵は塩とみりんを混ぜ、錦糸卵にする。
⑤中華麺をゆでて冷ます。
⑥酢大サジ4、しょうゆ、ダシ汁、ねりゴマ各大サジ2、砂糖大サジ1を合わせ、ゴマソースを作る（3人分）。
⑦皿に麺をとり、①から④と紅ショウガを彩りよく盛り、ソースをかける。

◆スベリヒユのスープ

暑い夏に食欲を増す、酸味の効いたスープです。

①スベリヒユは一口大にちぎり、水にさらしておく。
②鍋に一人1カップの水と土ショウガのみじん切りを入れ沸騰させる。
③豚ももスライス肉を一口大に切り、ほぐしながら②に入れ、アクをすくう。
④スベリヒユをたっぷり加え、塩、しょうゆで味付ける。好みでスダチやレモン汁を絞っていただく。

◆スベリヒユのシソ皿納豆

①スベリヒユの茎をさっとゆで、小口に切り、粘りの出るまでまな板の上でトントン刻む。
②梅干しの果肉を細かく刻み、①とともに納豆に混ぜる。
③青ジソの葉を添え、②を包んでいただく。ほかにオクラや山イモなどヌメリのある素材と合う。

◆スベリヒユのゴマ酢和え

①一口大のスベリヒユはさっとゆで、水でアクを抜きザルにあげる。
②器に盛り、ゴマダレ（ねりゴマかすりゴマ、薄口しょうゆ、酢、みりんを同量合わせたもの）をかけていただく。細切りのイカやクラゲを加えてもよい。ゴマ味噌（酢大サジ2、ねりゴマ、味噌、ハチミツ各大サジ1、ねり辛子少々を合わせたもの）でもおいしい。

◆スベリヒユのサラダ

①ハナスベリヒユを使います。柔らかい部分を2㎝ほどに小さく摘み集め、水を数回替えて、酸味を抜く。

②ナシをマッチ棒状に切る。白ちくわは縦割りにして3㎝の千切りにする。

③①と②を混ぜ、マヨネーズ、ケチャップを同量合わせたソースを添える。

日盛りにはピンクラッパの大合奏。冷やし鉢に浮かべて

ヒルガオ

種	ヒルガオ科・多年草
分布	本州、四国、九州
生育場所	草原、道端
採取時期	一年中
薬用など	虫歯の痛み

朝早い夏の散歩道では、まだたたんだミニパラソルのようなヒルガオのつぼみも、日盛りにはかわいいピンクのラッパに変身です。「暑いけど頑張れ」ってエールを奏で、夕方には店じまいです。

万葉のころから、愛らしさが好まれ「容花《かほばな》」と詠われたヒルガオ、中国名は旋花《せんか》です。アサガオより小さいピンクの花とくるくる旋回して巻きつくつるが目印です。葉は毛がなくて切れ込みは浅く、矛先のようです。

公園や線路脇のフェンスにからまって咲く外来種コヒルガオ。花は小ぶりで白っぽいピンク。葉の耳が左右真横に張り出し花の柄にヒレがあります。インド原産というだけあって、夏の日照りにも平気な顔。「うちの庭でも咲いてよ」と、花あとの苞《ほう》をのぞき込み種を探したら、わずかにありましたが、ヒルガオたちは種より地下茎で増えるようです。2本植えたわが家の畑の片隅が気に入ったのか、どんどん茂り、夏はピ

ンクラッパの大合奏です。楽しみは花と芽先をたっぷり浮かべた素麺の冷やし鉢。花が終われば、つるや根を干し、ハトムギといっしょにいって、お茶に仕上げます。

5年も経った春、畑を耕す夫からクレームです。「このヒルガオの根、10㎝ほどでも芽を出すから、作物が負ける」。娘は「バラがヒルガオに巻きつかれて苦しそう。アロエの株の後ろにもヒルガオの根の幹線道路が通ってるよ」。万事休す！　かわいい夏のお助け菜と喜んでいた母さんも、改めてコヒルガオのやんちゃぶりをチェックです。確かにあちこち芽立ったつるがアオイの花、ネギ、ハーブにキクと、誰彼なくフジのようによじ登り、その芽先は次は何につかまって伸びようかと狙っています。「とにかく畝《うね》に進出しているコヒルガオは根ごと抜いて！」

引っ張るとプツンと切れ、いったいどこまで続くのかと、少し掘ってびっくりです。地下5㎝ほど一面に太さ約5㎜の白い地下茎を張り巡らしています。なるほど、コヒルガオを「面根藤」と呼んだ唐人の観察眼に脱帽。

全草が利尿剤で淋病にも効き、特に白い地下茎は糖やでんぷんを含むと知り、子供のころを思い出しました。サツマイモのつるにヒルガオより小型で少し紅い花が咲いているのを見つけ、二つは親類かもしれないと興奮したあの夏のことを。母に聞くと、図鑑でヒルガオ科のページを開き「これ見て、サツマイモのほかにもネナシカズラ、ヨルガオ、アサガオやルコウソウも同じ仲間やね」と教えてくれました。最近では蕹《よう》菜《さい》（空心菜）が美味な野菜として人気があり、アサガオ菜の名でも売られています。「じゃ、うちの庭のアサガオやルコウソウも食べられるね？」。いいえ、どちらも下剤的な作用が激しすぎるそうで、私は使いません。

◆ヒルガオの花と芽の冷やし鉢

夏の元気菜の冷やし鉢です。さっぱりした味でも夕餉《ゆうげ》の主菜にふさわしく、たっぷりの緑にピンクの花が涼しげ。

①ヒルガオの芽先と柔らかい葉はさっと塩ゆでし、水にさらしておく。

②鍋に一人分200ccの水を入れ、コンブ、干シイタケをつけておく。火にかけ沸く直前にコンブを取り出す。干シイタケが柔らかくなったら、一口大にそぎ切りした鶏もも肉と小エビを加える。みりん、塩、しょうゆで調味し水溶きのクズでとろみをつける。

③鉢に盛り、冷めたら①とヒルガオの花の上3分の2の部分を浮かべる。

◆コヒルガオのヒマワリ種和え

コヒルガオの葉が小量なら、メカブやキクラゲも加えます。和え衣や具に変化をつけると、夏のおもてなしにも利用できます。

①コヒルガオの柔らかい葉と花のすんだがくなど、片手1杯を摘み集め、さっと塩ゆでして水にとる。アクが強ければ水を替えてさらす。

②いった皮むきヒマワリの種（クルミでもよい）をすり鉢で粗く砕き、しょうゆ2、みりん1の割合で調味する。

③ダシをとったあとのコンブを葉の半量ほど細く刻んで②で和えておく。

④いただく直前に①を加える。

◆根ヒルガオの混ぜご飯

秋がひんやりと感じ始める季節の一品です。地面下をはう白い根を一人分2本いただき、残りは埋め戻します。

①軍手をはめた両手にヒルガオの根を挟み、水の中で互いにすり合わせて、泥をきれいに落とす。

②繊維に直角に小口からみじん切りにし、鶏ミンチとともに油で炒め、しょうゆ、みりんで味付けする。
③葉はさっと塩ゆでして細かく刻む。
④紅ショウガのみじん切り、ユズの皮、黒ゴマ、シソの実などとともに②③を温かいご飯に混ぜ込む。

◆ぬくぬくミソ

①ヒルガオの根と土ショウガのみじん切り、味噌とみりんを同量合わせる。
②ダシとゴマ油でのばし、厚手鍋に入れ、中火で10分ほど練っておくと日持ちする。

◆ヒルガオの花蜜テン

①夕方、閉じかけた花を摘み、洗って30秒ゆでで、レモンとオリゴ糖を合わせた蜜につける（紅色に発色する）。
②市販のトコロテンを器に入れ、①の花蜜をかけ、ヒルガオの葉を飾る。

ムクゲ

同類のオクラの花からヒント。一躍、夏の花形菜

種　落葉低木樹・アオイ科
分布　日本全土
生育場所　庭や公園に植栽
採取時期　5〜10月
薬用など　下痢、胃炎、水虫

10年ほど前、わが家の畑の夏野菜にオクラが仲間入りしました。そのころの流行の野菜で、実の切り口が星形のかわいい姿、ツルンとした食感が人気のもとでした。ぜひ、草姿や育ち方を見たいと、夫に植えてもらって苗を眺めては、「実はエンドウみたいにぶら下がるの？　それともソラマメみたいに上向きにつくの？」と、話しかけていると、花も咲いていないのに実のようなものがぐんぐん育ってきました。「いつの間に、花、終わったん？」。

ある朝、畑に出るとオクラの植えてある辺りに、大輪のレモン色の花が咲いています。近づいてみると、それはオクラの花でした。「実だとばかり思っていたのは、つぼみだったのね」。花をのぞいて見ると、夢みたいな淡い黄色の大きな花びらが5枚。花の底は濃い赤紫で、まん中には白い花粉をたっぷりつけたブラシのようなしっかりした一本のしべがありました。

キュウリ、トマト、大根、シソ…。野菜の花といえば、小さくてちょっと地味。それだけにこのオクラの花には驚きました。観賞用としても決して見劣りしない優雅さです。うれしくなってもっと探すと、明日にも咲きそうなつぼみが二つ三つあります。「花も優雅な味がするの？」。実が食べられるのだから、花も食べられると、花びらの端っこを少し失礼して味わってみました。オクラの実ほど青臭くなく、ツルッとしていています。苦味もありません。その花を眺めながら、この花姿や感触は何かに似ているなあと、想いを巡らせました。「あ、ハイビスカス！　それにムクゲやフヨウにも似てるわ」。朝食の支度もそこそこに植物図鑑で調べてみました。予想通り、ムクゲ、フヨウ、ハイビスカスはどれもアオイ科で、食草、薬草だと書かれていました。

以前から漢方では、ムクゲの干したつぼみを「木槿《もっきん》」と呼び、煎じて飲むという記述を読み、毒ではないと分かっていても、おいしそうだとは思いませんでした。しかし、オクラの花を味わって以来、あの薄いちぢみ布みたいなムクゲの花は、一躍私の夏の摘み菜膳の花形になりました。

ムクゲたちの花は、たった一日の命です。花がすぼむ夕暮れどき、道を歩くごとに、今にも落ちかけそうな花を集めます。花びらをしべごと1枚ずつ外しながら先住者の虫たちに出てもらい、さっと洗ってゆで、甘酢に漬けます。花びらが白く底赤のムクゲも、ほんのりピンクに染まります。作っている途中から、とろとろした感触があり、夕食のもずくに二つ三つ飾りました。シャリシャリとした歯ごたえとツルッとした感触、「あ、ズイキのゴマ和えとオクラをミックスした味やわ」と、一人でうれしくなりました。

もちろん、生の花もおいしいのです。朝咲いた白い花が、夕方にはほろ酔い色に変わる酔芙蓉《すいふよう》や特大の花の咲くアメリカフヨウも、一日花を見て楽しんだあと、夕食には花びらで手巻き寿司としゃれてみましょう。

花ばかりでなく、柔らかな黄緑の新芽も不思議、緑のツルンとした食感です。枝を切りつめたときに、芽先を集めてさっと塩ゆでし、包丁でトントンとたたいて細かくし、お好み焼きに入れてみたという人も…。

園芸用のハイビスカスも農薬さえかけなければ、赤や黄花の甘酢漬けやゼリー、サラダに大活躍です。

◆花ムクゲとワカメの甘酢和え

ピンクと白花を別々に甘酢に漬けると、紅白二つの色が楽しめます。

①花びらを一枚ずつ分け、しべとともに熱湯でさっとゆで、甘酢に漬ける。
②ワカメを水で戻し②を和える。

◆花ムクゲの赤だし

「摘み菜セミナーで使います」と、お願いしたら、仲間が毎日夕方、すぼんだ花を摘み集め、冷凍保存してくれていました。まとめてゆでると無駄がありません。
①花びらを1枚ずつ外し、熱湯でさっとゆで、水にとる。
②一人分200ccのかつおとコンブダシ汁を作り、八丁味噌（赤だし）を溶く。
③小鍋に②を少々とって煮たて、マグロのすき身（またはタラ、アジなど）を一口大に切り、片栗粉をまぶして入れ、表面が透き通れば各椀にとる。
④赤だし汁をひと煮立ちさせ、③に注ぎ、①のムクゲの花を浮かべる。

◆ムクゲとオクラの雑炊

①冷やご飯を洗って、3倍の水とシラス干しを入れ、弱火で10分煮る。薄口しょうゆとコンブ粉で調味する。
②オクラの実は塩を振り、板ずりして小口切りしたものと、ムクゲかオクラの花びら

を散らす。

◆ムクゲ茶

①料理で残った葉、枝、がくは3㎝ほどに刻み、天日でカラカラに干す。

②玄米とともにいり、一つかみを一度水でさっと洗い、松葉10本とともに1ℓの水に入れ、10分煎じる。

かつては救荒植物として活躍。花穂を塩ゆでして

イヌビユ

種　ヒユ科・一年草
分布　日本全土
生育場所　市街地、荒れ地、畑
採取時期　6〜9月
薬用など　整腸

ヒユ科の植物には、最近話題になっているアマランサスがありますが、同じ仲間のイヌビユは私が子供のころ、畑でふつうに見られました。

江戸時代の記録に、ヒユは「救荒植物」だったと書かれています。救荒植物というのは、天候が荒れ、飢餓のときに庶民を救う食べ物となる野生の植物のことです。田畑の作物が不作のときでも、野には元気で育つ菜もあるんだと思い、それ以来、天候不順で野菜が高くなっても、あまり気にならなくなりました。

最近、都市近郊の野原では南アメリカ原産のホナガイヌビユが多くなり、ほとんどがこちらになってしまいました。これは名の通りイヌビユよりも花の穂が長く、草丈も3倍ほどあります。どちらも花穂が出てきたころにその部分を葉とともに5㎝ほど摘み、さっと塩ゆでにします。

イヌビユの姿はいま流行の人気のモロヘイヤに似ています。でも、モロヘイヤの方

が断然人気があるのは、あのつるんとしたヌメリが健康にいいというイメージがあるせいでしょうか。イヌビユもゆでると柔らかくはなりますが、確かに少ししっとり感には欠けるようです。

もう一つ似たものにホソアオゲイトウがあります。街中のコンクリート張りのガレージの隅っこなど、雑踏にも負けずに50㎝ほどの丈で、緑の長い穂をつけます。姿はホナガイヌビユに似ていますが、花穂に粗い毛がたくさんあるので、口の中がごわごわします。天ぷらにすると、毛に衣がうまくからまって食べやすくなります。

◆ヒユのゲソ和え

①ヒユたちは柔らかい葉や花穂を一口大に摘み集め、熱湯でさっと塩ゆでし、水にさらしてアクを抜く。
②イカのゲソは焼き、2㎝に切る。
③白いりゴマを粗くすり、同量の白味噌と少々の水。ねり辛子を加えて混ぜる。
④①を軽く絞り、②とともに③で和える。

◆穂ビユの冷やしめん

①ヒユは5㎝ほどの柔らかい花穂を葉茎とともにたくさん摘み集める。
②洗ってさっと塩ゆでし、冷水にとる。2、3回水を替え、細かく刻む。
③そうめんは固めにゆでる。
④かつお、コンブ、シイタケ、干しエビでダシをとり、薄口しょうゆ、みりん、酒で味をつけ、冷やしておく。
⑤そうめんを器に入れ、②の穂ビユを一面に広げる。
⑥その上に水で戻したフノリの芽と錦糸卵を放射状にのせ、④のだし汁をたっぷりかける。
⑦生の明太子をほぐし、⑥のまん中に好みの量をのせる。

カラスより小さいからスズメ。

小指ほどの緑の実

スズメウリ

種　ウリ科・一年草
分布　本州、四国、九州
生育場所　少し湿った畑、林の縁
採取時期　8～9月
薬用など　果実をみそ漬けや酢漬けに

　秋の野に朱色のウリが、木からぶら下がっているのを見つけると、「あ、カラスウリ！」と、誰かが指差します。よく目につく色だからでしょうか。一度みたら覚えてしまう菜の一つです。

　でも、スズメウリというのはご存じですか。カラスよりももっと小さくて、小指の先ほどの緑の実がつるに並んでちょうちんのようにつくのです。その実も秋が深まって熟すと、次第に白っぽい緑になっていきます。

「スズメウリは夏、白色の小花をつけると、図鑑には書かれているのですが、見たことがないんです。なぜでしょう」と、セミナー生から聞かれました。そういえば私も、実に何度か出会っているけれど、花は去年初めて、京都の薄暗い林の中で咲いているのに出会いました。摘み菜の会のウォッチングではほとんど昼前から出かけ、夕方前には戻ります。スズメウリもカラスウリの仲間なので、夕方の薄暗さの中で咲くのかも知れません。改めて花は昼間に咲くものばかりではないなと思いました。

セミナーのウォッチングで出会うたびに、実のかわいさをみんなで楽しんでいましたが、摘み菜の料理にはあまり使いませんでした。私にとって、スズメウリは食べるより見ている方が好きなのです。4、5人の摘み菜友達へのおもてなしに飾り、一つ二つに生味噌をつけて味わっていただいたことはあるのですが…。

それに比べ、あの朱色の鮮やかな実をつけるカラスウリを見つけると、すぐ手がのびます。リースにしよう、と一つ二つもらったり、「実がつまっているかな?」と、指先で割ってのぞいてみます。薬用酒にもなると聞いて、私の暮らしにはすっかり入り込んでいます。

ところが実際には、守らないといけないのはむしろ、カラスウリです。カラスウリの方が自然の植生の豊かに残っているところにしか見られないからです。

私は最近になってようやく、そのことに気づきました。スズメウリのかわいさが何か守ってあげたい気持にさせるのでしょうか。今もスズメウリの姿を見かけると、「しっかりね」と声をかけてしまいます。

◆スズメウリの実のサラダ

①サラダ鉢に短冊切りの大根とザク切りのワカメ、ゆでたヤブカンゾウの花を混ぜて盛る。半割りにしたスズメウリの実を散らす。

②赤味噌とゴマ油、酢、しょうゆを合わせたソースをかけ、野ギクの花を散らす。

クワ

幼いころの苦い思い出。糖尿病の薬効も高い

種　落葉高木樹・クワ科
分布　日本全土
生育場所　山地、人里付近
採取時期　一年中
薬用など　動脈硬化予防、不眠症

小学生のころ、私はカイコのエサ係をしたことがあります。当時でも町内にクワの木はなく、10円玉を持って、クワの葉を買いに。そのうち、ムクムクと私の摘み菜ごころが頭をもたげてきました。「わざわざ買わんでも、似た草や木はいっぱいあるやん。クワばっかかり、偏食してたら大きくなれへんし」。いろいろな葉を集めて、カイコの箱にたっぷり入れてやりました。

次の朝、カイコは静かにしていて、葉っぱもいっぱい残っていたので、補給はなし。その翌朝、大きくなっているかなと楽しみで、箱をのぞいてみると、カイコは横向きになって寝ていました。そばからのぞき込んだ男の子が「先生、カイコ死んでる！」と言いだし、大騒ぎになりました。カイコがクワの葉しか食べられず死んでしまうとは、思ってもみなかったことでした。

あるとき、パラグアイに移民した級友が、クワの実のジャムを送ってくれました。

「南米にもクワの木があるの?」と聞くと、移民した人が懐かしくて植えたものだそうです。赤とんぼの歌にも出てくるように、クワ畑は故郷の懐かしい風景のひとつなのでしょう。

「段ボール一箱のクワの葉が届いたんだけど…」と、友人からの電話。血糖値が高い友人を心配して送ってくれたものです。「干したものをお茶にしたり、細かく粉状にしておくといつでも飲めて便利よ」と答えました。

よく似た葉を持つコウゾがうちの庭にあります。和紙の原料になる木ですが、薬効は知られていません。でも、その赤い実は早起きのヒヨドリと夫の好みのようです。

◆長寿味噌のカナッペ

①クワの実を柔らかく煮て、すりつぶす。ブルーベリーでもよい。
②①と同量の黒ねりゴマ、赤味噌、黒砂糖を加えて練り上げる。
③田舎麩をフライパンで両面軽く焼き、②を塗る。バラの花びらを飾る。

◆クワのそぼろケーキ

①小麦粉1カップ、おから100g、黒砂糖1／2カップ、リンゴのすりおろし1／2個、重曹小サジ2／3、レモン汁大サジ1、梅酒1／4カップ、シナモン小サジ1／4、牛乳（または豆乳）1／2カップをよく混ぜる。

②オートミール1カップをフードカッターで粉にする。マーガリン大サジ3、ビート糖大サジ2、塩小サジ1／4、カボチャの種の粗みじん大サジ1、クワの実1／2カップを混ぜる。

③天板にクッキングシートを敷き、②を流し、①を振りかける。190度のオーブンで25分焼く。

夏の摘み菜で遊ぶ

〈花を食する〉

近ごろ、西洋種のエディブルフラワーが人気ですが、日本でも花を食する習慣は古くからありました。サクラやシュンランの花茶、菜の花やキクの花のおひたし、穂ジソなどは和食にとけ込んでいます。ツクシやミョウガの子、ブロッコリーやカリフラワーも花のつぼみです。

植物たちが苦労して咲かせた花を横取りするのはちょっと忍びない気もしますので、私は花の姿を十分に楽しませてもらった後、盛りを過ぎかけたところをいただくことにしています。色とりどりの花びらたちは独特のシャキシャキとした感触が捨てがたいものです。花が好きなのは人間ばかりではありません。花の奥には先住者の小さな虫がいることがあります。虫がついているのは農薬がかかっていないという安全マーク。「申し訳ないけど、ちょっと出てね」と言いながら、よく洗います。花が開いていれば、がくを持って水の中で振り洗い、花が閉じていれば、一枚ずつ花びらを外して洗います。

雄しべや雌しべもローヤルゼリーと同様に栄養価が高いので、いっしょに使います。花は陰性で身体を冷やすので、サラダや酢の物には、身体を温める働きのある陽性のもの（根菜の味噌やしょうゆ漬けなど）の一品も添えるとバランスがとれます。

花を摘み分ける知恵としては「根、葉、実が食べられる植物は花も食べられる」と覚えておきましょう。ただし、例外もあります。ジャガイモの花、芽、葉は有毒です。

●四季の食べられる花たち

春　レンギョウ、アブラナ、セイヨウカラシナ、ダイコン、ムラサキダイコン、ケール、レンゲ、ハナニラ、サクラ、バラ、スミレ、ビオラ、ストック、シュンギク、キンセンカ、マーガレット

初夏　フジ、スイトピー、バラ、ヤマブキ、ノカンゾウ、キンレンカ、スイカズラ、ムラサキツユクサ

夏　クチナシ、ハマナス、ムクゲ、マツヨイグサ、ツルムラサキ、ヘチマ、ヒルガオ

（アサガオは有毒）、ヒマワリ
秋　クズ、ハギ、キク、ナデシコ、キンモクセイ、ヒイラギ
冬　サザンカ、アロエ、ウメ

〈ほんまもん…とは？〉

中華料理の材料に「金針菜」というものがあります。ノカンゾウの仲間のつぼみを蒸して干したものです。鉄分が多いので、わが家ではラーメンの支那竹の代わりに、これを薄味に煮含めては使っていました。あるとき、家庭科のテストで「鉄分の多い食品」という設問がありました。娘は「金針菜」と書いたのですが、バツにされてしまったそうです。正解はレバーやホウレンソウだったそうです。

また、私はいつも、料理に使った摘み菜の残りの固いところを干して、それをいってお茶にした「七福茶」を飲んでいます。姉にこのお茶を出すと、3杯目には必ず「ほんまのお茶、ある？」と聞かれてしまいます。きれいな包装に入っていても、農薬をかけ、着色料や化学調味料を入れたお茶に比べれば、こちらの方が本物や、という自負があるのですが、少数派は何かと憂き目をみるようです。

それでも「懐かしい味、子供のころ飲んでいたササ茶に似てる」といってくれる人

もいたり…。薬草は昔から庭に植えられることが多かったので、材料集めも簡単です。

庭のドクダミ（解毒）、ビワの葉（湿疹）、ナンテン（咳止め、解熱）、アカメガシワ（利尿）、クチナシ（腰痛、腫れ物）、ネズミモチ（滋養、強壮）、カキの葉（ビタミンC）と、たちどころに7種集まります。ブレンドすることで薬効も増し、各々のクセも和らぎます。ただし、○○病に効くらしいと、一つの植物を偏って多食するのは感心しません。

〈わが家の七福茶に挑戦〉

七福茶としてよく利用する四季の摘み菜は次の通りです。

春　野エンドウ、ハコベ、オオバコ、カキドオシ、スギナ、ヒノキ、サクラの花

夏　ゲンノショウコ、ヒルガオ、アロエ、ハトムギ、トウモロコシの皮、ナンキンの種子、ミント、ハマゴウ

秋　クズ、ハギ、アカメガシワ、ジュズダマ、ススキ、イノコヅチ、シソ

冬　ササ、カニクサ、ビワ、サザンカ、フユイチゴ、柑皮、玄米、スイカズラ、ヤブニッケイ

これらの摘み菜を使って、七福茶に挑戦してみましょう。

①料理で使った植物の皮、茎、がく、根、種、固い葉などを2、3日、日干しにする。枝やつるごと吊すとよい。しっかり乾いたら通気性のある紙袋に入れて保存する。花は色を生かすため陰干しする。
②2～3㎝に刻み、大きな厚手鍋でまず実のものを20分、他も固いものから順に入れて菜箸で底から返しながらとろ火で香ばしいにおいが出るまでいる。（ハーブはいらない）
③二つかみをザルに入れ、ゴミや焦げを洗い流し、軽くもみつぶす。
④③と1ℓの水をやかんに入れ、沸騰後、5～7分煎じる。
⑤花は湯飲みに注いでから浮かべる。

秋

森の恵みいっぱいの収穫のとき、ふるさと話も弾んで

クズ

根から作った粉は古くから食用。摘むときはカメムシに注意

種　マメ科・多年草
分布　日本全土
生育場所　土手、野原
採取時期　5～11月、根は12～2月
薬用など　風邪、下痢、二日酔い、傷の止血

天候不順な夏でもニュースなどで「今日は立秋です」という言葉を聞くころになると、待っていたように咲き始めるクズの花。その花の色ばかりか香りまでが赤ワインにそっくりで嬉しくなります。

花は藤の花房を上に向けた形で、マメ科特有の蝶形の花が下から咲き上ります。つるは10mにも伸び、大きな葉とともに、日当たりのよい樹木や土手をおおいます。

秋の七草として愛されるように、クズは日本の暮らしに深く結びついてきました。昔、奈良県吉野郡国栖《くす》地方の人たちが、この葛《かずら》の大きな根を掘ってさらして作ったデンプンの粉を、都に売りに出たところから、都の人々は「国栖の葛の粉」を「クズ粉」と名付けました。当地、吉野では「飼葉藤《かいばふじ》」とも呼んで親しまれ、この葉を家畜の飼料にもしたそうです。

解熱や下痢止めに効くと重宝されたクズ粉。島根や熊本出身の年配の方から「子供

のころ、各家ではカ（ン）ネと呼んで、根を掘り、さらして粉を作っていた」と聞きました。最近は大半が輸入品です。このクズの根を掘り、クズ粉作りに挑戦している人が仲間にいます。

クズは屑どころか、暮らしを彩る絶品の菜です。万葉の時代から続く葛布織りやクズのつるでリースや花かごを編むのも楽しいものです。私はあの大きな葉を菜盛葉《さいもりば》として愛用します。自然のごちそうは自然の器がよく似合うから。

ここでは二日酔いに効果があると言われている葉や花を使った料理を紹介しますが、摘むときにはカメムシがついていないかどうかを、葉の裏や花房の中まで丹念に見て下さい。一匹でも残っていますと、臭くて料理が台無しになってしまいます。

◆クズの花ご飯

天盛りに鮮やかなクズの花。「この花の根からクズ粉をとるの？」など、きっと故郷の話に花が咲くでしょう。秋の定番の摘み菜ご飯です。

①クズの花はカメムシがついていないかよく調べながら、房から外して洗う。
②熱湯で30秒ほどゆで、梅酢に漬ける。１時間ほどで鮮やかな紅色に戻る。

③クズの芽先と赤ちゃんの手のひら大の柔らかい若葉を摘み、ゆでてみじん切りにし、塩を一つまみもみ込む。
④温かいご飯に③を混ぜ、いただく直前に梅酢に漬けた花を散らす。
＊クズの花の一口握り　前記のご飯を一口大に握り、クズの葉にのせて花を飾る。ちくわのみじん切りを混ぜてもおいしい。

◆クズの天ぷら2品

春から秋まで、つる先の柔らかそうであなたの手のひら大の葉を摘みましょう。生のときの青臭さも揚げると甘くて香ばしい味がします。

その1・葉の巻き揚げ
①広くて柔らかい葉を選び、洗って小麦粉をはたいておく。
②山イモのすりおろしにクズ粉と塩少々を混ぜる。他にナッツやドライフルーツ、陳皮、イカ、エビ、カツオ、ジャコ、ニンジン、ゴボウなどの歯ごたえのあるものをいくつか選び、刻んで混ぜる。
③葉の上に②の具を大サジですくって乗せて葉で巻き込み、１６０度くらいの低めの温度で揚げる。

その2・花寄せ

①1で残った衣に粉を足して固めにする。クズの花のほか、ミカンや月桂樹など香りのよい葉、干しエビ、クルミなどを刻んで混ぜ、一口大に揚げる。

◆クズの花とろろ

①甘酢とダシ汁を同量合わせた汁をかき混ぜながら、刻んだとろろコンブをほぐして少しずつ入れる。
②小鉢に盛り、クズの花の甘酢漬けを飾る。付き出しにピッタリのスピード料理。

◆クズ切りのお吸い物

①干したクズ切りを1人分5、6本ずつ、柔らかくゆで、椀にとる。
②吸物ダシを椀にはり、おぼろコンブを少しとよく開いたクズの花を浮かす。花は食べる直前に浮かべる。

◆花のクズ餅

①五分咲きの花は房から外してゴミや虫を除き、熱湯で30秒ほどゆで、レモン汁とオ

リゴ糖を合わせた汁につける。半日ほどで鮮やかなワイン色になる。
②クズ粉50g、砂糖50g、粉寒天5gと水1カップを鍋に入れ、透明になるまでよく練ってクズ餅を作る。ラップに①を小サジ1杯ほどとり、上にクズ餅をのせて絞り、冷蔵庫で冷やして固める。

マツヨイグサ

日本へ先来した見返り美人は減り、欧米からの新種が勢揃い

種　アカバナ科・多年草
分布　日本全土
生育場所　造成地、河原
採取時期　8～11月
薬用など　解熱、感冒、咽喉炎

「待てど暮らせど来ぬ人を、宵待草《よいまちぐさ》のやるせなさ」と、歌われた花は、実は標準和名・マツヨイグサ（待宵草）のこと。ほら、待と宵を入れ替えて歌いやすくしただけですが、曲の方が世間になじまれ、「どっちが本名？」とか、月の宵に咲くイメージから、ツキミソウと混同して呼ばれたりもします。

和名マツヨイグサの花は、淡い黄色。それに比べ、和名ツキミソウは白い花。両者は別種で葉形も花色も違います。

夢見る少女のころ、夕暮れになると、お月様色の花が開くのを見たくて、マツヨイグサのそばに座っていました。でも、夕ご飯の声がかかるまでに開いた花はなく、朝起きてみると、もう花たちはほんのり赤みがかって、しぼみ始めていました。しぼむと赤みがかるから、アカバナ科と言うのかしらと思いながら、ようやく、月明かり色に出会えたのは、奈良の秋、母といっしょに参加した「虫の声を聞く会」でした。4

枚の薄絹みたいな花びらの柔らかさ。奈良に都があったころから咲いていたかのような、静かな香りにうっとりです。「マツヨイグサは南米チリ原産で、つい150年ほど前に栽培が始まり、日本の風土になじみ、今は野に広がっています」と、先生のお話は続きます。「しかし、メキシコ原産のツキミソウは、同じころに栽培されたのに、風土になじめず、近ごろでは野に咲くあの白い花姿は、めったに見かけません」。

マツヨイグサのあの風景から数十年。最近ではこの見返り美人を思わせる、足元の涼しげなマツヨイグサにも、あまり出会えません。それに代わって、欧米から来た種々のマツヨイグサたちが勢揃い。コマツヨイグサ、オオマツヨイグサ。そして、月見草健康法の担い手という、メマツヨイグサ、ピンクの花が昼に咲くヒルザキツキミソウ、もっと小花でほんのり紅色のユウゲショウなど多彩です。

コマツヨイグサは街の空き地や海、川の砂地に這うように茂ります。4時ごろから咲く親指の先ほどの小花たちは私のお気に入り。乾いた土のちょっとしたすき間にも花開く姿に、柔らかな命を感じて、ほっとします。赤ちゃんの手のひらほどの見事な花が、高い茎先に二つ、三つ咲くオオマツヨイグサ。月明かりのもと、ほのかな香りに包まれて、幻想の園に遊びます。

「オオマツヨイグサの花を摘みに、夜の10時ごろ出かけると、遅い勤め帰りの人たちがすぐそばの道を家に急ぎます。その人たちに『この夢みたいな色、見て！』って、声をかけたくなるのです」と、両手にふんわりとレモンイエローの大きな花をのせて、親しい摘み菜仲間が話してくれました。

3、4㎝の花を一晩に10ほど開く街菜のアレチマツヨイグサは、外国では全草が食薬草。花のローションは美肌にするとか。「ずっと優しく咲き続けてね」と、根や葉は摘まず、花を使って待宵椀を作ります。ゆで卵の半切りを名月に、熱い吸い物ダシをはり、おぼろコンブは宵の雲。吸い口にこの花のサイズがとてもいい感じです。

◆マツヨイグサの酢の物

マツヨイグサたちの花は夜8時から翌朝8時ごろまでに摘みます。形をつぶさないよう密閉容器に入れて、冷蔵すると2、3日はもちますが、花瓶に差したままにしておくとしぼんでしまいます。

①摘んだ花はさっと洗い、熱湯に入れ、花びらが透明になれば引き上げる。ダシ汁4、砂糖1、酢2、塩少々の割合で作った甘酢に漬ける。

②ワカメを戻し、一口大に切る。①と千切りの甘酢ラッキョを加えて和える。

◆花マツヨイの月明かりゼリー

夢色のゼリー。ブランデーグラスを使って、そのまま固めるとお手軽にできます。

①粉ゼラチン小サジ5を水500cc に振り入れて弱火で煮溶かす。
②①にオリゴ糖80cc を加えて溶かし、足付きのグラスに6分目ずつ入れる。
③冷えてとろみがついたら、マツヨイグサの花を置く。
④約10分おき、花が安定したら残りのゼリー液を入れる。
⑤グラスにラップをかけて冷蔵庫で冷やす。
⑥オリゴ糖にツルムラサキの実をつぶして混ぜたシロップをひとサジほどかける。

◆マツヨイグサの花の即席とろろ

①小鍋にミカンの搾り汁、酢、みりんを各同量と2倍の量のダジを合わせて煮たてる。
②とろろコンブを2㎝に切り、少しずつ①をかき混ぜながら入れていく。
③前項の酢の物①②の要領で、マツヨイグサの甘酢漬けを作る。
④②を器に盛り、③をたっぷりのせる。

ヤマノイモ

ムカゴや地下に埋もれたイモは生食できる貴重なデンプン

種　ヤマノイモ科・多年草
分布　本州、四国、九州
生育場所　山野の陽地
採取時期　8～3月
薬用など　食欲不振、喘息、下痢

秋の林を散策すると、低い木に巻きついたつるに、ムカゴ（球芽）をつけたヤマノイモに出会うことができます。このころには、細長いハート型の葉は、黄色く紅葉しています。これは日本原産で本州以南に広く自生していて「自然薯《じねんじょ》」と呼ばれています。

葉の基部の形が耳形になっていることで区別できる、中国原産のナガイモは同じ仲間で、雌雄異株です。雄株の花穂は向かい合った葉の付け根から立ち上がり、雌株は垂れ下がって花が咲き、翼のある実を結びます。

中国で山の菜「山薬」と呼ばれている通り、その薬効は滋養、強壮剤として優れ、また、消化を助けるジアスターゼをたくさん含んでいます。

ヤマノイモの葉の付け根についた指先大のムカゴは、触るとぽろぽろ落ちますから、下にカゴや帽子などを受けて摘み集めます。地下にはデンプン質の担根体《たんこんたい》と呼ばれる、親指ほどの太さの棒状のイモが育っています。地中30cm～1mになり、途中で折れやすいので、全部を掘り上げるのは至難の技です。昔は各地にイモ掘り名人が必ずいたものです。イモのつる首を土中に残せば、翌年、また新芽が出ます。

ヤマノイモによく似たオニドコロ、ヒメドコロ類のイモはたいへん苦いです。見分け方はつる先1mの葉の生え方で、前者は2枚が向き合い、後者は1枚ずつ交互に出ます。

農耕以前の人々は、デンプンをとるのにドングリやシイの実などの種子からとる方法と、クズやカタクリなどの根からとる方法を知っていましたが、とったあとの、水にさらしてのアク抜きがたいへんでした。その点、ヤマノイモは採取も容易で、ほとんどアクを抜く必要もなく、生食できるので貴重な食べ物であったと思います。

◆ムカゴご飯

野趣豊かな炊き込みご飯です。スルメやコンブのダシ味、ゴマ油とムカゴの相性も抜群です。合鴨や薄揚げ、ギンナンやキノコと合わせてもおいしいです。

①ムカゴは洗って、10分ゆでてアクを抜く。

②米、水を各3カップと酒60cc、しょうゆ50cc、みりん10cc、ゴマ油20ccを炊飯器に入れ、ムカゴとスルメ1／2枚とダシコンブ10㎝角を加えて炊く。
③炊きあがれば、スルメとコンブを取り出して細かく刻み、再び混ぜ込む。
④ヤマノイモの葉の上に型で抜き、ヤマノイモのつる先の塩ゆでを飾る。

◆ヤマノイモのマシュマロ

土中のイモの部分を使用します。イモはすり下ろしたとたんに、どんどんと焦げ茶色に変色していきます。この自然の色を生かそうと発想を変えたら、楽しいデザートが誕生しました。

①たわしで土を落としてから、ガスの火で軽くあぶり、ヒゲ根を焼き切る。よく洗い、皮ごとすり下ろすと酸化して変色する。
②すり鉢で①と黒砂糖、シナモン、生クリーム少々を加えて、よくすり混ぜる。
③直径2㎝ほどに包丁で切り分け、季節の敷き葉に盛り、サルナシ（またはキウイ）の小口切りを添える。

◆ムカゴとギンナンの卵とじ

①小粒のムカゴをひたひたのダシ汁で、アクをすくいながら柔らかく煮る。
②あればユリ根やギンナンを加え、塩とみりんで味付けした溶き卵でとじる。

◆ムカゴの串焼き

①大粒のムカゴは水少々で蒸し煮する。
②柔らかくなったらバターをからませる。③3個ずつ爪楊枝に刺す。

◆ムカゴの粕漬け

①ムカゴは洗って水気を拭く。
②酒粕、味噌、甘酒を同量合わせ、粕ごといただく。

◆たちまちムース

①イモをマシュマロの項のように下処理するが、すり下ろす前に酢水につけると、柔らかい仕上がりになる。

②すり鉢で黒砂糖、ココア、生クリームを加えて、よくすり混ぜる。
③リンゴを薄切りにして塩水にさらし、水気をきる。
④リンゴを器に盛り、ムースをかけ、フユイチゴの実を飾る。

◆ヤマノイモのあつもの

①同様に下処理し、皮ごとすり下ろす。
②吸物ダシを作り、①を小サジ2本ですくっては汁に落としていく。
③殻をむいたエビを入れ、浮いてきたら、塩、みりん、しょうゆで調味する。
④ノビルを吸い口に散らす。
＊すり下ろしたヤマノイモに大根おろしを入れると白く仕上がる。この場合はつなぎに片栗粉を入れる。キンモクセイの花の塩漬けを散らし、フタ付きの吸物椀を使うと開けたときの香りがすばらしい。ノビルは省く。

◆ヤマノイモのすり流し

①同様に下処理し、酢水につける。
②すり鉢の回りにこすりつけるようにしてすり下ろす。

③同量の味噌汁を少しずつ加えて伸ばす。
④シソの実を散らす。

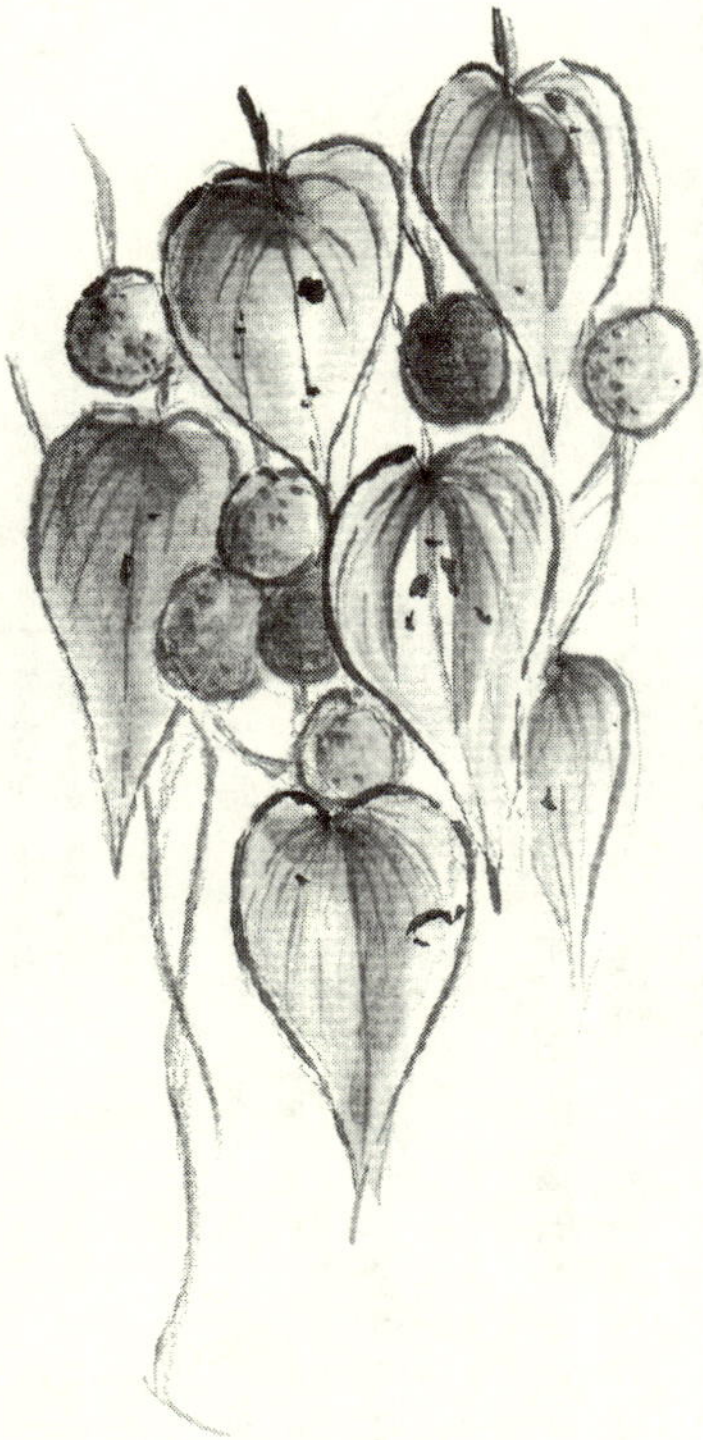

マタタビ

虫コブ状の実は「また旅ができる」ほどの強壮剤

種　つる性落葉樹・マタタビ科
分布　日本全土
生育場所　沢沿い、林の湿地
採取時期　8〜9月
薬用など　保健、冷え性

秋の日に強い風が吹くと、次の朝はマタタビ拾いにまっしぐら。「あそこね」が、摘み菜仲間の合い言葉です。「ほら、夏のころに見たあの景色、覚えてる？　沢沿いにつるが高くはい上がって、葉が白く半化粧してたよね、マタタビが花咲いたよ、って知らせてたところ」。

秋の湿地はマムシにご用心。長靴に分厚い手袋なら安心です。木から落ちるのはデコボコした虫コブ状の実で漢方薬の「木天蓼《もくてんりょう》」。食べると「また旅ができる」ほど、身体を温める強壮剤ですが、私は多食を控えます。猫族みたいに酔っぱらってフラフラと歩くと困りますから…。お土産店でよく、塩漬けにしてデコボコのない黄緑色の実を売っていますが、これは虫コブでないマタタビの実です。薬効はありませんが、多食しても大丈夫です。

拾い集めた実でマタタビしょうゆを作りました。「去年作ったとき、しょうゆの中に小さな虫が浮いてきて気持ち悪かった」と一人が言います。それはきっと虫コブを作るマタタビノアブラムシでしょう。この虫が若い実の中で育つときにできる精油が、人間の身体によいそうです。でも姿が見えると気持ちが悪いので、私は酒やしょうゆに漬ける前に、5分ほどゆでて、虫がでないようにします。

マタタビに限らず、人間に有益なものが自然の中にはずいぶんあります。例えば、冬虫夏草やもっと微少なこうじ菌。目に見える虫を気持ち悪いと感じ、こうじ菌で作った味噌や酒は誰も気持ち悪くは感じない。人間の心の動きって、ちょっと不思議ですね。

◆マタタビの味噌漬け

①マタタビの虫コブの実はよく洗い、熱湯で5分ゆで、天日で3日干す。
②田舎味噌1、みりん1を合わせた中へ①を漬け込み、2ヶ月以上置く。
この味噌漬けの実と土ショウガ、クルミを細かく刻んで合わせ、同量の味噌床と混ぜたものが「みのり味噌」。蒸したサトイモや大根や温かいご飯に添えていただく。

◆マタタビしょうゆ

①マタタビの実は洗って5分ゆで、生シイタケとともに天日に3日干す。
②ビンに①としょうゆを入れて半年熟成。
このマタタビしょうゆを使った「柑皮煮」がおすすめ。
①ミカン類の外皮は白いわたをそぎ、黄色い部分を千切りにして水につける。熱湯で3回ほどゆでこぼして苦みを抜く。
②マタタビしょうゆと同量の酒、少量の砂糖を合わせ、刻んだマタタビの実とシイタケと絞った①を加え20分煮る。

昔は田舎の子供のおやつだった「忍者のまきびし」

ヒシ

種　ヒシ科・一年草（水生植物）
分布　日本全土
生育場所　池、沼
採取時期　8～10月
薬用など　滋養強壮、消化促進

池に浮かんでいるヒシの草姿は、田舎で育った人にはおやつを連想させるらしく、「小さいころ、よくあの実を採って食べたわ」とか、「黒くなってしまったら中がすかすかで、もう食べられへん」と、ふるさと話が弾みます。

すかすかでも懐かしくて、水面に浮いている黒い実を三つ四つ拾いました。「あっ、これは忍者のまきびしや！」と、一人の男性が言います。手裏剣と並んで、男の子なら一度は憧れる忍者の武器。追っ手から逃れるために後ろにヒシの実をまきながら走ったと言います。この固くて鋭い針では、追ってくる相手も走りづらかったことでしょう。

「最近、どこかでヒシを見かけましたか？」と、長い間、自然保護の活動を続けられている恩師にたずねました。「昔は大阪市内でも、どの池にもあったけど、このごろは見かけないねえ。池の水が汚れてきたからねえ」。そういえば、池の水面を覆っていた緑のヒシの姿に会うことはまれになりました。

京都の北にある古生代にできたという池のほとりにヒメビシ（小型のヒシ）が繁殖していました。その池の底には黒い泥が厚くたまっていたので、「こんなに汚れていてもヒシは育つんやわ」と思っていました。実はこれは泥炭の色で、ヒシが育たなくなる水の汚れの色ではなかったのです。

家の近くにある池も、30年前と見た目は変わらないのですが、まわりに家が建ち並び、家庭排水が流れ込むのか、ヒシはすっかり姿を消してしまいました。夏ごろに咲き出すヒシの白い花たちが、水面に止まって遊ぶチョウのようで、とても好きな風景だったのに…。

八百屋の店先で巨大なヒシの実に出会いました。赤みがかった色で、ふつうのヒシの3倍ほどの大きさです。ラベルには「福岡産ヒシの実」と書いてありますが、大きすぎて不気味なほど。買って帰り、図鑑とにらめっこ。ようやくセイロンやインドでは食用に栽培されているトウビシ（唐菱）だと分かり、めでたく蒸したヒシの実が、その日のデザートとなりました。

◆ヒシの実の塩ゆで

①ヒシの実は青いうちに摘み集め、洗って10分ほど塩ゆでにする。

②包丁で縦二つに割る。小さめのスプーンで中身をこそげていただく。

◆月見餅のヒシの実添え

①ヒシの実は10分ゆで、半分に切って小スプーンで中身をくり抜く。

②黒ゴマと白玉粉をこね、一口だんごに丸めてゆで、浮いてきたら水にとる。

③器に盛り、小豆あんをかけ①をのせる。

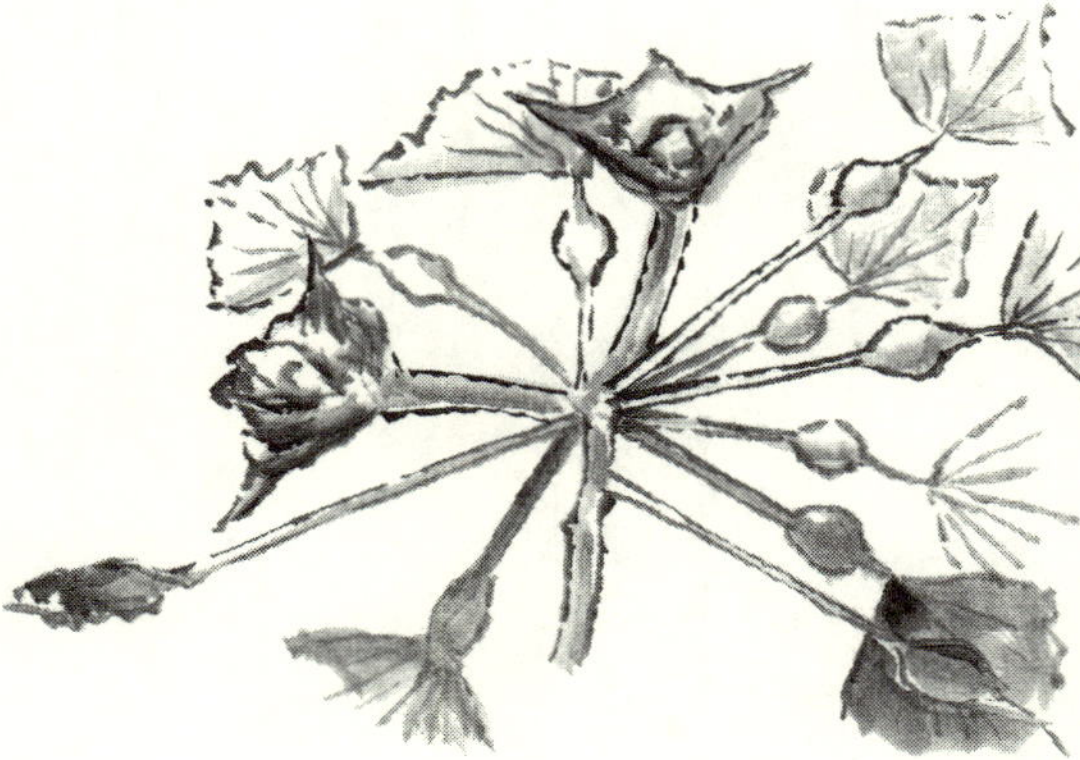

アオミズ

都市近郊にも多く、みずみずしくおいしい十八番菜

種　イラクサ科・一年草
分布　日本全土（西日本に多い）
生育場所　低山地の湿った所
採取時期　6～11月
薬用など　急性胃炎、尿道炎、糖尿病

山菜のほとんどの本に載っていないのが不思議なほど、おいしいアオミズ。私の夏、秋の摘み菜料理には、必ず登場して、一躍、人気菜になります。

アオミズは淡緑色で、青いひすいのようなみずみずしい茎に、青ジソに似た葉が2枚一組で向き合っています。太い3本の葉脈が葉裏から見るとくっきり。湿ったところに生える一年草で、春に芽生え、7～10月に葉の付け根から黄緑色で小さな雄花と雌花が多数、別々の穂状になって咲きます。

私とアオミズとの初対面は大阪の郊外での植物観察会。リーダーが「これがこの辺りに多いアオミズよ。同じイラクサ科のアカミズ（ウワバミソウの別名）は、山沿いの滝近くへ行かないと見られないけどね」と、教えてくださいました。アオミズの茎は根元から芽先までひすい色。その1本を摘み、スルスルと薄皮をむいてかじると、フキかな、ミツバかも…。その香りとシャキ感にうれしくなりました。そのころ、私

はまだ「ミズ」と名の付く山菜は、東北地方や信州など、寒い地方の山中にしかないと思っていたので、こんな近郊の小道で、ミズという名を持った草に出会えるなんてと、とても驚きました。

以来、アオミズは私の十八番《おはこ》菜になっています。岡山県のある農家を訪ねた初秋、たくさんのシソの実や花ミョウガをいただいたお礼に、その近くの木陰で摘んだアオミズをマツの実で和えて、召し上がっていただきました。80歳を越えたとおっしゃるその方は、「こんなおいしい山菜はどこで採れるの？　初めて食べました」とニコニコ。

北日本や寒い地方に多く生えて大きく育つアカミズは、山菜のレギュラーなのに、近郊の日陰に群生するおいしいアオミズが、ランキングされないのはなぜかしら、と考えていました。ある冷夏、異常気象で米の不作が深刻だという記事を読み、はっと気づきました。昔から冷害や干ばつにより、作物に被害を受けやすい山間部や寒冷地。その「山の菜」は人々の命をつなぐ、必需の救荒植物だったのです。見分け方や保存法にも工夫と知恵が集積し、伝えられています。一方、温暖で比較的農作や流通の容易な地域では、草木を命の糧と見る目より、草花と遊ぶ心へと広がったのでしょう。

噂の菜に会おうと摘み菜ウォッチング。陽地にアオミズらしき菜が…。残念、茎も葉の裏も綿毛で覆われ、みずみずしさのないクサマオでした。水辺に茎が半透明の草を発見。葉が交互に出て、なんと有毒のツリフネソウ！　ああ、知っている人と来てよかった。

◆アオミズとクズの花の秋彩寿司

薄緑で半透明の茎は、フキに似た香り。紅紫のクズの花との彩りが秋らしい一品です。

①クズは一花ずつ外し、ゴミや虫を除き、1分間ゆでて梅酢に漬ける。花はクズのほかにキク、ハギなども使う。

②アオミズは茎、葉、花に分ける。

③茎は3㎝に折りながら薄皮をむき、水につける。香りを逃さないよう、すぐザルに上げる。

④さっと塩ゆでし、水にとる。同じ湯で葉と花もゆで、水にとって、こちらは細かく刻む。

⑤米5カップを1・1倍の水で炊く。ボケ酢（またはリンゴ酢、柿酢など）100cc、砂糖40g、塩小サジ2の合わせ酢を熱いご飯に合わせ、あおいで冷ます。

⑥刻んだちくわ（または合わせ酢につけておいたシラス干し）と④を⑤の寿司飯に混ぜ、①を上に飾る。

◆アオミズとナシのヨーグルト和え

アンジェリカより優しいアオミズ。旬が同じナシとのデザートは絶品です。

①アオミズの茎は2㎝ほどに折りながら皮をむき、軽く水にさらす。

②ナシは皮をむき、アオミズと同じような細い棒状に切る。ヨーグルト少々をからませ、酸化によって黒ずむのを止める。

③ツルムラサキの実を指先でつぶして種を取り除いた実と汁を、ヨーグルトに混ぜて赤紫に色づけする。オリゴ糖で甘味をつける。

④ワイングラスに③のヨーグルトをたっぷり敷き、①のアオミズと②のナシを盛る。ヨーグルトの色づけとしてイチゴジャム、ブルーベリージャムでもおいしい。

◆アオミズのハリハリ漬け

①アオミズの葉はさっと塩ゆでして、水にとる。その湯に早煮コンブと切り干し大根を入れ、1分後に上下を返し、10分おく。

②歯ごたえが残る程度に戻ったら、一口大に切る。戻し汁、しょうゆ、酢を同量と一味少々を混ぜ、①のコンブと切り干しだけを漬ける。
③いただく直前にアオミズの茎と細かく切った葉、花を加える。

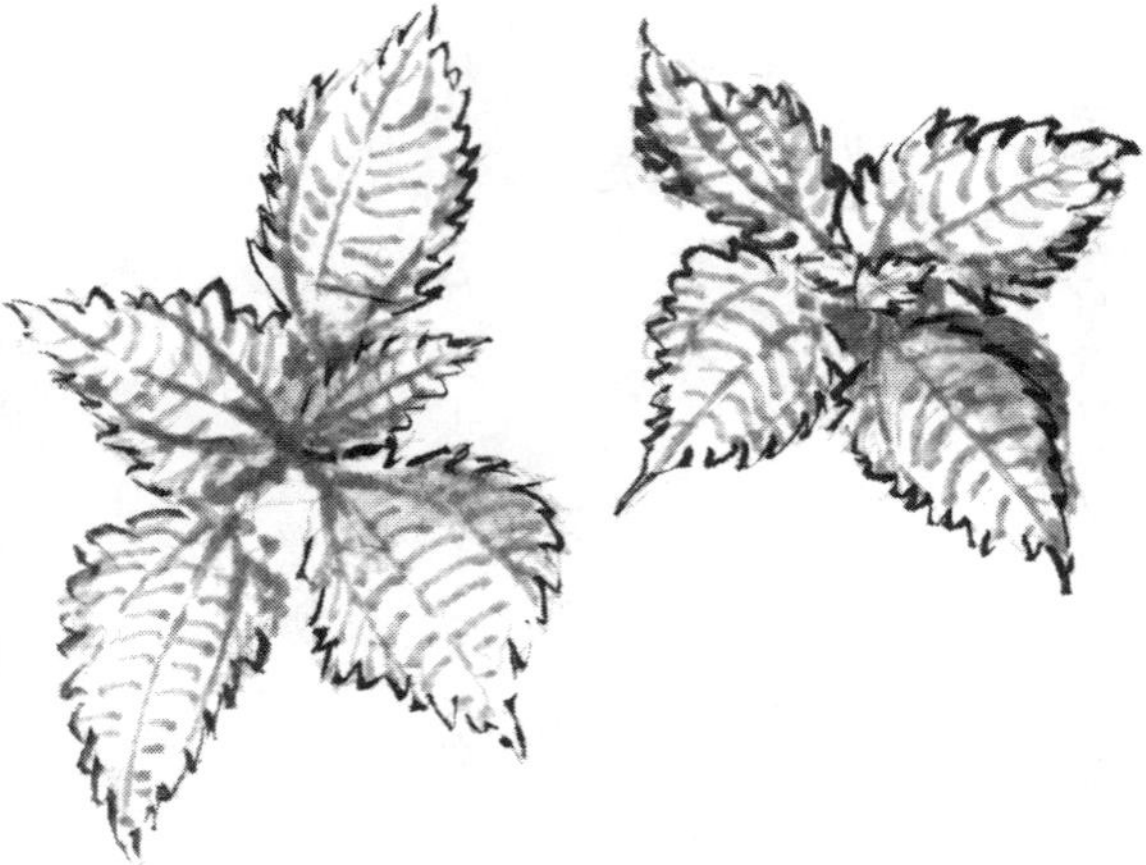

芳香が漂う秋、
金銀の花でお酒やお菓子作りを楽しむ

モクセイ

種　常緑小高木樹・モクセイ科
分布　日本全土
生育場所　庭などに植栽
採取時期　9～11月
薬用など　胃炎、低血圧、不眠

風にモクセイの香りが漂い始めると、秋を感じてホッとします。そして私は「さあ、花モクセイのお菓子を作ろう」と、食欲の秋も感じます。

「えーっ、モクセイまで食べるの、大丈夫？」と、疑いのまなざしを向けたあなた、でも、きっと一度ならずとも桂花陳酒《けいかちんしゃ》で祝杯を上げられたご経験はおありでしょう。その桂花陳酒こそ、モクセイの花をワインに2年も漬けて熟成させた芳香酒で、中国古来より祝宴には欠かせないものです。「じゃ、庭の銀モクセイでもできるのね？」と、もう花の酒作りに燃えだした方、2年も待たずに味わいたいせっかちな方、今はモクセイの花の季節じゃないわと、あきらめかけた方々、まずはモクセイたちのお話にお付き合いください。

モクセイには三色の花色があり、薄黄モクセイ、金モクセイ、銀モクセイの順に9月、10月ごろに咲きます。中国原産の栽培種である金モクセイと銀モクセイはとても香りが高いですが、九州にも自生する薄黄モクセイの香りは少しおとなしく、11月ごろに咲くモクセイ科のヒイラギとともに日本の静かな香りを感じます。ヒイラギと銀モクセイを交配させたヒイラギモクセイは、中広で常緑の葉、銀色で芳香の花が咲き、公園や庭の植栽にも重宝だとか。

薬の散布されていない落花を集めます。最近、町の木をモクセイと定めている市町村を三つ訪れました。常緑と金銀の花、それも芳香となれば「住みよい町」のイメージです。そのうえ、モクセイたちの花は大気汚染のバロメーターにもなるそうです。そういえば、私が高校生のころ、スモッグ汚染の警鐘が鳴る前で、通学路や正門前のモクセイたちがいっせいに咲かなくなり、とても寂しかったことを憶えています。7年後、再び街角でモクセイの香りに会い、思わず深呼吸をしました。

「桂秋」とはモクセイ香る秋のこと。そして、春夏に香り咲くモクセイ科の花たちも摘み菜膳にどうぞ。春先、4枚の羽根状の黄花を枝に連ね咲くレンギョウ。花の香りやお茶で人気のジャスミンやマツリカ。青紅の色と香りが初恋の花というライラック。初夏にオリーブが香り咲き、ネズミモチは少し青っぽいにおいで虫を招き、秋への実作りに励みます。一年中、モクセイたちは暮らしを香らせてくれる仲間です。

◆モクセイのキャッチドライ

香りをださないと花には気付かないモクセイ（漢字では木犀）の目印は、木肌が動物のサイ（犀）の皮のようで灰色地に黒いプツプツがあります。葉は向き合ってつき、皮質で長卵形です。

①花の香りを一日楽しんだあと、白い紙箱で受けて花を集め、樹皮などを除く。新品の耳かきかピンセットを使うと便利。

②箱ごと室内で乾燥させる。車の中で1日干すと色、香りの仕上がりが最高になる。

◆モクセイの砂糖漬け、塩漬け

砂糖漬けはホットケーキやお茶菓子、ヨーグルトにのせ、塩漬けはワンタンやシュウマイに入れて香りを楽しみます。

①モクセイやヒイラギなどの花を集め、さっと洗って熱湯で20秒ゆで、水にとる。香りが逃げないうちに上げる。

②花と同量の三温糖、または天然塩をまぶし、冷蔵庫で保存し適時使う。

◆モクセイの花手まり

季節の摘み菜膳にモクセイたちの香りを添えて生まれた、手軽でかわいいお菓子です。

①モクセイの花は前項の砂糖漬けの要領でゆでて水にさらし、三温糖をまぶしておく。
②蒸したサツマイモやカボチャをつぶし、ハチミツとねりゴマを加えて練る。
③一口大に丸め、中央を指先でくぼませて①を飾り、モクセイの葉を添える。

◆モクセイの花和飲

京都府与謝郡加悦町の町花はモクセイです。摘み菜の会も参加して町ぐるみで作った「花和飲《ワイン》」、2種の花酒で和やかにパーティーの幕が開きました。

①金モクセイと銀モクセイの花を1日陰干しにする。ヒイラギの花だけでもできる。
②金モクセイは花の3倍のワインと3分の1の量のハチミツを注いで2年熟成させる。
③銀モクセイは花と同量のホワイトリカーと3分の1の量のハチミツを加えて漬け、1年寝かす。飲むときは②と③のブレンドでもOK。

◆モクセイの蒸しパン

①カボチャ200gは塩を一つまみ振りかけ、蒸し煮してマッシュにする。②水1カップ、油大サジ2で①をのばす。

③薄力粉300g、てんさい糖50g、ベーキングパウダー大サジ1強を混ぜ、②に加え型に流し、モクセイのドライフラワーを散らす。

④蒸し器で20分蒸す。炊飯器なら内釜に種を流し普通に炊き、10分蒸らす。

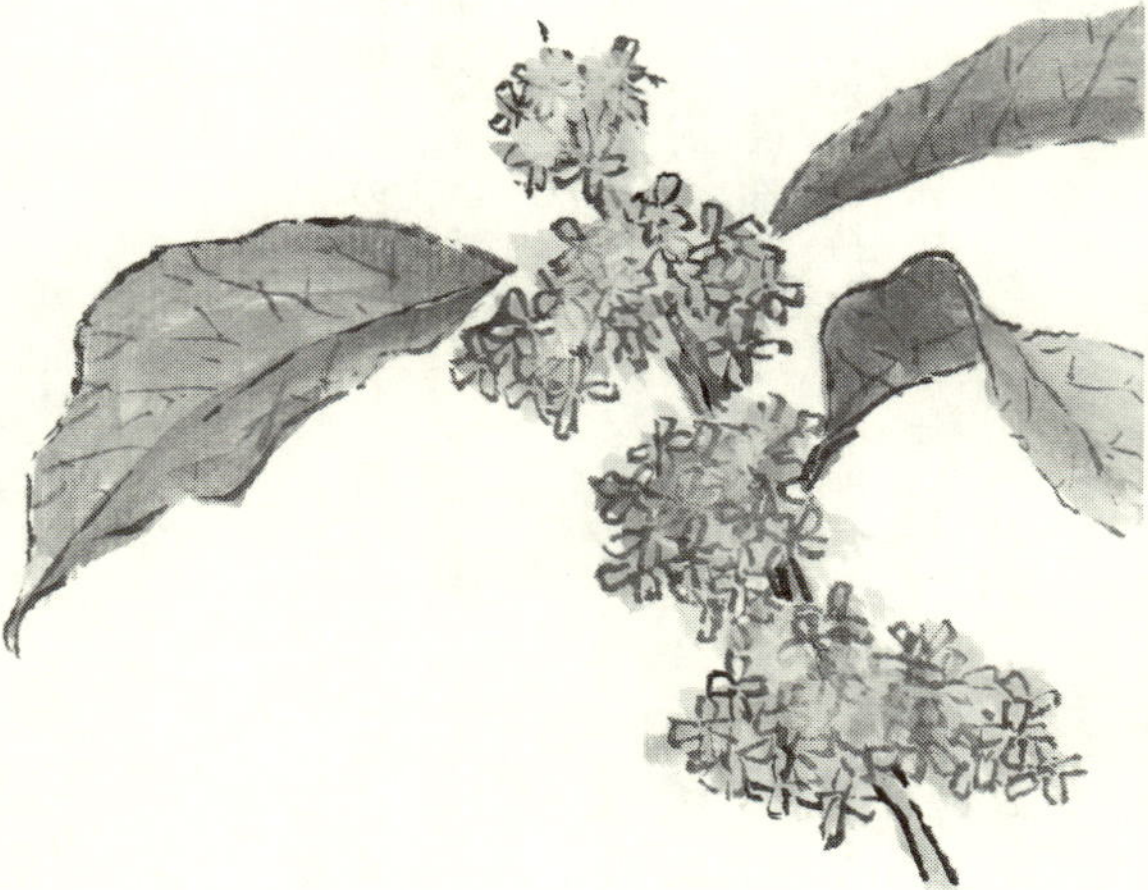

公園や神社で見つけよう。苦みもなくそのまま食用に

マテバシイ

種　常緑高木樹・ブナ科
分布　関東以西の本州、四国、九州
生育場所　公園、庭、街路樹
採取時期　9～10月
薬用など　滋養強壮

私のシイの実拾いの記録といえば、何度か母が秋の山に連れて行ってくれた時のことぐらいでした。だから、幼いころいつも神社や森でシイの実を拾い集めた人たちの話を聞くと、少しうらやましい気持ちになります。

でも、摘み菜を始めてから、家のすぐ近くの植物園にもスダジイの木を見つけました。10月になって実を拾いに行くと、たくさん落ちています。シイはいくつかの実が穂状になって枝につきます。その小枝ごと落ちているもの、一つずつになって深く帽子を被ったもの、帽子のはずれたもの…。拾い集めて持ち帰り、ゆっくりといり、ワクワクしながら殻をむきます。ところが、ほとんどが虫食いです。がっかりして、その話をしたところ、シイの実のことをよく知っている方が、「大阪では10月では遅すぎるわ」。シイの実が熟すのは秋の初めで、ほかのドングリよりずっと早いのです。

次の年の9月、摘み菜仲間から緑地公園にマテバシイが鈴なりだったと聞いて、す

ぐに拾いに行きました。スダジイよりずっと大きく、親指大の実がたくさん落ちていました。木を見上げるとまだ、たわわに実がなっています。これがシイの実の旬なんだとうれしくなりました。

シイの仲間は苦みがなく、そのまま食べられますが、そのほかのドングリと言われていもの（カシ、クヌギ、ナラなど）はアク抜きをしないと食べられません。トチの実の餅やイチイガシで作ったイチゴンニャクなど、郷土料理として残っているものもありますが、現代ではこのアク抜きの知恵はほとんど忘れ去られているようです。

また、ドングリの形と似ていても、食べられないものもあります。数年前にシキミの実とシイの実を間違って食べ、食中毒を起こすという事故がありました。でも、身近な暮らしの中にあった木の実拾いが、遠い昔のものになってしまったとするのは、とても残念です。よく知った仲間といっしょに近くの公園や神社に出かけてみませんか。

◆シイのおつまみ

シイの実は拾ったその場で皮をむいて食べられるのが、子どもたちにも魅力です。でも、火でいればおいしさ倍増、二つ三つパチッとはじけたときがいり上がった目安です。
①コジイ（スダジイ、ツブラジイ）、マテバシイの実は、厚手鍋かフライパンでじっくりいる。
②2、3個パチッと皮に割れ目が入ったら火を止める。
③各自でむきながらいただく。割れていないものは腐っているか虫食い。

◆シイのパンプキンケーキ

秋に落ちたばかりの柔らかい実を使います。おからも入れて、天板で薄く焼くと香ばしさが生きます。卵を使っていないと思えないおいしさです。

①マテバシイ3／4カップをおつまみの項の要領で焼き、1個を4つぐらいに切っておく。
②カボチャのマッシュ1カップ（1／4個をゆでてつぶしたもの）、ミカンジュース3／4カップ、油1／2カップ、ビート糖50g、塩小サジ1／4、梅酒大サジ1をミキサーで混ぜる。
③ボウルに移し、①とおから100g、レーズン1／2カップを混ぜる。
④全粒粉1／3カップ、重曹小サジ1、クローブ、シナモン、ナツメグ各小サジ1／

2をふるい、③に混ぜる。
⑤オーブンシートを敷いた天板に流し、190度のオーブンで約30分焼く。
⑥好みで粉糖を振り、切り分ける。

◆ドングリクッキー

ドングリはよくアクを抜いて、マテバシイならそのまま使います。
①カシの実は鬼皮をむき、何度か水を替えながら1日さらす。
②水ごとミキサーに入れ1分間回す。
③そのまましばらく置き、上澄み液を捨て、新しい水を注いでさらす。これを10回繰り返す。
④上澄み液を捨て、残ったドングリの粉と同量の小麦粉にシイの実があれば砕いて入れる。好みの味をつけ、オーブンで10分間焼く。

少年時代に冒険心あおった山の幸。
甘い実は白酒に変身

アケビ

種　つる性落葉樹・アケビ科
分布　本州、四国、九州
生育場所　山野、林の縁
採取時期　芽は3～4月、実は9～10月
薬用など　利尿、抗菌

「お手製のアケビ茶の一服が感動でした。それが摘み菜で遊ぶきっかけになりました」と先日、摘み菜仲間の友人から手紙をいただきました。四季折々の摘み菜を盛り込んで、お茶事を創る彼女は語ります。
「アケビの新芽を摘み集め、洗って蒸して日に干し、茶の葉のように手でよくもむとおいしいよと、旅先でお年寄りから聞いて、さっそく、うちの近くの山で摘みました。田舎育ちの主人に、小さい葉が5枚集まった手のひらみたいのがアケビ。この新芽は食べられるよ、って教えられながら…」。

春にたくさんの雄花に混じり、二つ三つ大きな雌花が咲くと秋が楽しみです。そういえば、あちこちの摘み菜の里から届く、アケビの実の送り主はほとんど男性です。高くはい上がったつるに、秋日に光る熟したアケビを発見すると、山のおやつを獲得した、少年時代の冒険心が甦るのでしょうか。

アケビは縁起がよいと聞きます。葉が三つ葉状で花や熟果は濃い紫のミツバアケビや、常緑で分厚い5〜7枚の小葉が集まる大型のトキワアケビ（ムベ）など、アケビの種類は小葉の数が七五三とおめでたいからでしょうか。

さて奮闘の末のアケビの実。おいしいけれど甘い果肉が、固くてえぐい種を包んでいます。口に含んでは甘みだけ吸って種を吐き出してと、なかなか落ちついて楽しめません。せっかくの山のバナナを何とかゆっくり味わいたいと、思案の末、アケビの白酒が誕生しました。

中身を取ったあとの舟形の皮は、そのままゆがいて詰め物をして焼いた「舟焼き」を何度か作りましたが、苦いし色や形も崩れ、おいしく感じません。でも、やはり命はすべて生かしたいと、仲間と知恵を出し合い、色紙焼きができました。皮を2㎝大の色紙切りにし、灰汁で5分ゆでた汁に一晩浸し、翌日に4、5回水を替えます。これでずいぶん苦みもやわらぎました。小麦粉を振り、両面をじっくり焼き、熟したカキと白味噌を練り合わせて塗ると逸品です。

◆アケビの実の白酒

①アケビの果肉を種ごと5倍量の清酒に入れ、箸で白い部分を酒に溶かす。②味噌こしで白酒と種に分ける。種はハチミツと焼酎に漬けて熟成酒を作る。または洗って土に植えよう。

◆羽衣アケビ

①舟皮の外側は苦いので、包丁でむいて除き、内皮を水にさらす。②内皮を熱湯でゆで、水2と砂糖1のシロップで10分煮て、ワインを加えて冷やす。

毛虫遊びや猫じゃらしとして遊んだ菜は
アワの祖先種

エノコログサ

種　イネ科・一年草
分布　日本全土
生育場所　道端、畑、荒れ地
採取時期　4～11月
薬用など　整腸

エノコログサの穂を握りこぶしの4本の爪の上にのせ、毛虫が生きているように動かす遊びをご存じですか。私がこの遊びに初めて出会ったのは小学生のころ、奈良県大宇陀の親戚の家に行ったときのことでした。年上の子が年下の子たちを怖がらせようとします。私は「毛虫」のもぞもぞ動く姿にびっくりしました。

この話をすると、やはり街育ちの友人は、「動かして遊ぶのは大人になるまで知らなかった」と言います。私たち街で育った者も、猫をじゃらすように遊びましたが、毛虫遊びはしませんでした。どうしてだろうと考えてみました。二人ともほとんど同世代に子供たちばかりで遊んでいたのです。遊びの知恵も暮らしの知恵と同じように、地域の仲間の先輩から伝えられるものなのでしょう。

エノコログサは春から夏に4、5㎝の直立した花穂を出します。外来の帰下種で大型でたいへん丈夫なアキエノコロは、秋口に少し曲線を描いた形の花穂をつけます。

この二つの菜はどちらも街の草はらなどでたくましく育ちます。

空港のそばで草丈が1mほどもあるエノコログサの仲間を見つけました。花穂も15cmぐらいあります。これはオオエノコログサと言い、アワとエノコログサが雑交配したもののようです。

よく、エノコログサも食べるんですかと驚かれます。エノコログサには鋼毛と呼ばれる細くて固い毛が、種のそばにたくさんついています。その毛が見るからに固そうなので、私も食べられるとは思いませんでした。

でも調べてみると、アワはエノコログサを品種改良したもの。アワの祖先種ということなら毒はありません。さて、どうしたらおいしく食べられるのでしょうか。私の興味は草遊びから食べ物作りへと移っていきました。

◆エノコログサのプチプチ粉

①エノコログサやオオエノコロは、黄熟の穂をたくさん集める。

②穂を両手でこすり合わせるようにもんで、実を集め弱火で軽くいる。手間の割には少量しかできない。きっと昔の人も収穫量の多いものを求めて、アワへと改良してい

ったのかもしれません。

◆エノコログサの餅

①はったい粉3に対してきな粉2、豆腐2、黒砂糖1の割合で合わせ、前項のプチプチ粉の半量を加える。

②耳たぶの固さにこね、親指の先大に切り分け、丸めて扁平に形作る。

③②の両面にプチプチ粉の残りを押しつけ、ゴマ油で両面を色よく焼く。

常備薬目的に海辺から庭に移植。艶蕗と呼ぶ地方も

ツワブキ

種　キク科・多年草
分布　石川・福島以西の本州、四国、九州
生育場所　野生種は海岸、庭にも植栽
採取時期　一年中
薬用など　食あたり、腫れ物

私が小学校6年生の春、遠足で大阪・泉南にある淡輪へ行ったときのことです。当時は自然のままの植物がたくさん生えていました。ちょうど浜辺にはハマエンドウの濃紫のかわいい花が一面に咲き、海のみどりに映えていました。ふと、海に面した崖の上を見上げると、ツワブキが群生していました。

ツワブキは庭の植物だと思い込んでいた私は、家に帰るとさっそく、「おばあちゃん、今日、すごいもん見たよ。高い崖の上にツワブキがいっぱい生えてた。あんなところにだれが植えはったんやろうか」。

不思議そうにたずねる私に「ハッ、ハッ、ハ」と大笑いのおばちゃん。「けーちゃん、それは逆さまや。ツワブキはもともと浜辺に生えててん。それを花はきれいやし、葉っぱはデンボ（大阪で腫れ物のこと）に効くよって、庭に植えるようになったんや」。

葉も茎もフキにそっくりで、茎は少しあめ色をしています。葉は肉質が厚く、海浜

植物特有の艶のあるところから「艶蕗《つやぶき》」と呼ぶ地方もあります。

春の終わりごろ、根から直接20～30㎝の花茎を伸ばし、その先に一重の小菊に似たかわいい黄色の花を房状につけます。

葉をもんで腫れ物に、煎じ汁を食あたりの常備薬にと、家庭で普段に使う目的で、海辺から庭に移植され、それが周囲の里山などに広がったのが、現在の植生につながったと思われます。同じような目的で庭に植えられるようになったと思われるものに、中耳炎に効くというユキノシタ、利尿作用の薬効が伝わるドクダミなどがあり、そのほか、アオキ、ネズミモチ、なども民間薬として使われていたようです。

自然と深く付き合った昔の人の知恵と伝統。大切にしたいですね。

さて、南九州地方では、オオツワブキの葉柄だけが日常的に食べられており、皮をむいたものを束にして売っています。また、じっくり煮込んで、キャラボクの木肌のように、黒みがかったあめ色に煮あげた「キャラブキ」がお土産店などに並んでいます。

葉は固くて苦いと捨てられています。摘み菜の仲間たちと工夫して、フキのよい香りがする葉緑素いっぱいのごちそうにしてみました。「まるごといのち」の逸品ができました。

◆ツワブキの茎の湯葉巻き煮

気の張ったお客様にも出せるよう、見た目の彩りも美しくし、懐石風に盛りつけましょう。また、肉厚で艶のある葉は、料理の仕切り用としても重宝します。

①ツワブキの葉の柄だけを、さっとゆでて皮をむく。
②干湯葉を戻し、破らないように気をつけながら、①を巻き込む。
③薄味のダシ汁で5分間煮る。
④一口大に切り、切り口が見えるように盛る。

◆ツワブキ味噌

ツワブキの香りを生かした味噌だれです。冷蔵庫で保存がききますので、いろんな料理に使えます。ゆでた大根、コンニャク、湯豆腐、焼き魚、イカ、焼いた厚揚げなどにも、かけて召し上がってください。

①葉10枚を5枚ずつ重ねてきつく巻き、2㎜の千切りにする。
②目の細かいザルに入れ、水の中でアクをもみ出す。一昼夜、水を10回ほど替えなが

ら苦みを抜く。
③熱湯で3分ゆで、流水で10分さらす。軽く絞る。
④③に白味噌、松の実、みりん、ねりゴマを同量加え、ミキサーかすり鉢でペースト状にする。
⑤ゆでたサトイモに④をたっぷりかけ、ツワブキの黄色い花びらを散らす。

◆ツワブキの茎と柑皮《かんぴ》餅《もち》煮

①無農薬の柑橘類2個分は皮を薄くむき、みじん切りにして、熱湯で10分ゆでる。ゆで汁は七福茶のベースにする。
②①を水1カップとともにミキサーにかけ、餅粉250gを加えて耳たぶの固さにこね、8等分に丸める。
③寿司揚げ8枚を油抜きして一辺を開く。②を詰めて平らにし、口を押さえる。
④コンブとジャコのダシ汁3カップに、しょうゆ、みりんで味付けし、沸騰したら③を入れ煮る。
⑤ゆでたツワブキの茎を加えて、ひと煮たちしたら火を止めて冷ます。
⑥しのだ餅を三角に切り、ツワブキは3〜4cmに切って、形よく盛りつける。

◆ツワブキとアラメのゴマ和え

①生のアラメはきつく巻いて、ごく細切りにし糖汁でゆで、薄塩をしておく。
②ツワブキの葉も2、3枚重ねて巻いて細く切り、ザルごとに水につけてよくもみ、苦みを抜く。水を替えて3、4回くり返す。
③①の残り湯でツワブキをゆで、流水にさらす。
④ゴマをいってすり、しょうゆ、酢、ハチミツで調味する。
①②を入れて和える。
⑤器に天盛りにし、むきゴマをたっぷりかける。アーモンド和えにしてもおいしい。

黄熟の実が料理向き。
保存食にして冬の元気の素

カリン

種　落葉高木樹・バラ科
分布　日本全土（中国原産）
生育場所　日当たりのよい場所で栽培
採取時期　果実は11～12月
薬用など　咳、のどあれ

カリンの実を漬けたことがあっても、花を見たことのある人は、案外少ないのではないでしょうか。

ある摘み菜仲間は3月末に近所で、モモの花びらを小さくしたような花を見つけ、何だろう？　と思ったのが、カリンの花との出会いだったそうです。やがて、実になり、どんどん大きくなり、夏ごろにはカリンかな？　と分かるほどになりました。秋になり、堂々としたカリンの実がなったというのに、そのお宅ではいつまでたっても利用される様子がありません。カリン好きの彼女はそこを通る度に気になってしょうがなかったそうです。

大阪南部、金剛山の麓で20年ほど前から、カリンを育てている福岡圭一さんという友人がいます。彼は「実のなる森を作りたい」という思いに駆られて、最初2本の苗木から育て始めたそうです。できた実から種を取り、次々と増やし、「今では120～

130本に増えて、毎年数100kgの実がなるように育ちました」と、樹をなでながら話されます。福岡さんのところから送られてくるカリンは完熟そのもの。黄色くてつやつや。とてもいい香りです。

この福岡さんのカリンを分けていただくようになって、摘み菜のセミナーでは、カリンを使った料理がずいぶん増えました。というのも、店先に並んでいるカリンは未熟で、料理には不向きだからです。

摘み菜仲間にはまだ小さい子供さんのいるお母さんがいます。彼女もカリンを毎年買われます。ホットカリンの素とカリンペースト、種しょうゆにしておき、冬中いろいろに応用して楽しむそうです。特にリンゴと合わせたジャムは、何人ものぜん息のお友達に差し上げて喜ばれているとか。

この間お会いしたら、「おかげさまで冬の間は子供たちもピンピンしています。でも、おいしいのでつい、春までに食べきってしまって…」と、わが家のカリンのハチミツ漬けを大事そうに持って帰られました。

◆ホットカリンの素

わが家では冬の元気の素、咳や風邪ぎみのときには、クズ湯風にもできます。カリンの果肉はとても固いので、必ず周りからそぎ切りします。

①ごく濃い黄金色に熟したカリン（中が少し茶色がかっていても大丈夫）を選ぶ。皮ごと周りから大きくそぎ切りにし、芯の部分は酒や種しょうゆ用に残す。
②すり下ろし、味噌こしでこす。
③果汁に同量のオリゴ糖かハチミツを加え、さっと火を通す。
④7〜8倍の熱湯で薄めて飲む。

〈ホットカリンの素を使って〉

●カリンカクテル

①ホットカリンの素を3倍の白ワインで割る。

●カリン漬け

①ホットカリンの素で、味噌こしに残った果肉に、同量の味噌、みりんを合わせる。
②2、3日天日干しにした大根を一口大に切って、カリン床に漬け込む。
③3日以上おいて、漬け床を指先で落としながら、大根を取り出す。床も洗い落とさ

ずに、そのままいただく。鶏肉や一夜干しのイカをさっと焼いて漬け込んでもおいしい。

◆カリンペースト

ジャムや焼き肉のたれ、カレーに少量加えると風味が出ます。そぎ切りした果肉をフードプロセッサーなどでおろし状にすると楽です。

①おろした果肉を土鍋に入れ、ひたひたの水を加えて中火にかけ、木杓子で混ぜながら煮る。沸いたら弱火にし、フタをして約1時間煮る。焦げないように時々底から混ぜる。

②果肉が柔らかくなって渋味が抜けたら、①の1／4の量のハチミツを加えて10分ほど練る。

〈カリンペーストを使って〉

●カリンとリンゴのパイ風

①八つ割のリンゴの皮をむき、芯を取り、イチョウ切りにする。

②三温糖を加え、ひたひたの水で水気がなくなるまで弱火で煮る。

③パイシートを天板に広げ、カリンペーストを塗る。②をのせてシナモンを振り、切

り目をつけたパイシートをかける。
④卵黄を塗ってオーブンで15分焼く。

サザンカ

花の少ない冬を彩り、薄紅と白い花は食用に重宝

種　常緑樹・ツバキ科
分布　自生種は四国南西部、山口、九州、沖縄
生育場所　庭などに植栽
採取時期　花は11～3月、葉は一年中
薬用など　種子から取れる油を食用、髪用

「今日はサザンカ茶にしましょう」。こう言うと、木や花の姿を想像して、分厚くて苦そうと、たいがいの方はびっくりされます。しかし、漢字で「山茶花」と書くように、お茶の木やツバキの仲間ですと説明すると、少しは安心していただけるようです。

伊豆大島などでは、ツバキ油で天ぷらをしますが、少量しかとれないので、一般には髪のつや出しなど、大切に使われています。もちろん、同じ仲間のサザンカも、実から絞った油は食用にもしました。

「薮のツバキに実がなるのに、うちの庭のサザンカの実はほとんどならないけど…」と、友人が不思議がっていました。日本原産の白色で一重咲きのサザンカとツバキを交配させて、紅色や八重咲きの園芸種を庭木で使います。一重の花の雄しべの多くを、花びらに変化させた八重咲きの花は、花粉が少ないためか、結実しにくいのです。

花の少ない冬を、彩り豊かにしてくれるサザンカは、11月から3月ころまでと花の

時期が長く、たくさんの花をつけます。そこで、うす紅色の花は甘酢漬けに、白い花は塩水漬けにと、身近に咲いているサザンカを、誰でも手軽に作れる簡単な料理方法で、冬の間ずっと楽しみ、重宝しています。

ツバキ、サザンカなど、茶の木の仲間は、ヒマラヤ山脈の南側の中腹から中国南部、日本の本州中部までを結ぶ、東アジア照葉樹林帯の代表的な木種で、この照葉樹林帯は独自の特徴ある農耕文化を育てていきました。お茶をはじめ、サトイモや長イモの栽培、クズ、ワラビの根をさらしてアクを抜きデンプンをとり、絹織物やウルシ塗りの文化、酵母を使ったお酒やしょうゆ、味噌など…。サザンカも日本の食文化の成熟に一役買っていたようです。

また、花を食すことは花サラダを連想し、欧米の知恵と思われがちですが、日本での花を食べる習慣は、古い歴史をもち、多様で奥が深く、和食の文化に優雅で繊細な風味を添えてきました。

塩漬けにして花茶などでいただく桜やシュンラン、穂ジソや花サンショウのしょうゆ煮、それにスミレの花の砂糖漬け、フキノトウのミソ煮やミョウガの花の甘酢漬け、さらに春の野に摘むツクシ、キクの花びらをゆでて干し板ノリ状にした菊海苔、そして、料理を目で味わい解毒効果もある、シソやキクの花を加えれば、花をいただく民族性の面目躍如といったところでしょうか。

◆薄紅サザンカの甘酢漬け

淡紅色のサザンカの花を使います。摘み菜ご飯や酢の物、ちらし寿司、焼き魚、ヨーグルト、和菓子などに添えていただきます。一度作れば、きっと食卓の彩りとして長く愛用されるでしょう。

①がくを除いた花びらと芯は、酢を入れた熱湯で30秒ゆで、冷水にとる。
②色が濃い花は5日、薄い花は2日ほど水を替えながらさらす。淡いピンク色ならあまりさらさなくても大丈夫。
③ほどよい苦みになったら軽く絞り、甘酢に漬けると半日ほどで色が戻る。

◆白色サザンカの塩水漬け

白色の花を使います。おすましに浮かべれば、半透明の花びらが上品な印象に。青菜のもみ漬けやお茶漬けに添え、独特の歯ごたえを楽しみましょう。軽く塩抜きして使って下さい。

①がくを除いた花びらとしべをいっしょに熱湯で30秒ゆで、水にさらす。
②苦みがとれたら、濃い塩水に浸す。

◆サザンカの手まり寿司

祝い膳も花が咲いたような美しさです。花びらを使って、残った固いがくや葉や枝、それに実などは天日に干して刻み、ほうじ茶とブレンド、手まり寿司に合うサザンカ茶です。

①米の1割増しの水で炊いたご飯に寿司酢（米100に対して酢10、砂糖5、塩2で合わせたもの）をかけ、白い煎りゴマ、刻んだこうじ漬け大根（または白たくあん）を加え、切るように混ぜる。
②15cm角のラップの中心に雄しべの塩漬け（または黄菊の花びらをゆでてさらしたものやたくあんの千切り）を少しおき、その上にサザンカの甘酢漬けを5枚の花びら状に広げてのせる。
③寿司飯をスモモの実大に丸く握り②の上にのせ、ラップを四方からつまんで手まり型に整えながら、テルテル坊主のようにぎゅっとひねり、そのまま15分ほどおく。
④ラップを外して盛り、サザンカの葉を添える。おみやげには③のままで。

◆白色サザンカのすまし汁

①ナズナの葉はさっとゆでておく。
②椀に焼きカマボコと塩抜きした白花サザンカの塩水漬けを入れ、吸い物ダシを注ぐ。
③ナズナを浮かべ、へぎユズをのせる。

◆サザンカの花サラダ

①アロエは内側の緑の部分を包丁でそぐ。中のゼリー質を大サジでこそげ取る。２㎝ほどに切って水で洗う。緑の外皮は苦いので注意。
②無農薬の王林を皮付きのままイチョウ切りにし、①と混ぜる。
③淡いピンクのサザンカの花びら、ミントの葉を②の上に散らす。
④白味噌とマヨネーズを、同量合わせた「ミソネーズ」を添える。

ネズミの糞のような実をお茶やお酒に、さてお味は…

ネズミモチ

種　常緑低木樹・モクセイ科
分布　関東以西の本州、四国、九州、沖縄
生育場所　暖地の山林、人家の垣根
採取時期　一年中、実は11月
薬用など　強精、ひざ、腰を強くする

幼いころに母とした摘み草からもう50年、「おらが世や、そこらの草も餅になる」の一茶風に言えば、「おらが四季、そこらの草も飯になる」というのが、私の日常になっています。ところが、摘み菜に出会って間もない人は違います。私と道を歩くと右手のノゲシ、左手のマツ、それが食べられると聞いては驚きの連続です。だから、あの黒いネズミの糞のような実を、お茶やお酒にすると聞いたところで、もう新たに驚くこともないようです。

そんな人たちも実際にネズミモチの実を使った、お茶やお酒を口にしたときは、たいがい非常に驚いてくれます。「どんな味だと思われますか? 苦い、えぐい、辛い?」。一度作ってみてください。

味には定評?のあるネズミモチですが、やはり人によっては好き嫌いがあるようです。薬効がありそうと、チャレンジした摘み菜の会のメンバーは、「去年作った女貞子《にょていし》

（トウネズミモチを干した実）酒、全部飲みましたよ。カレーに入れて…」と笑っていました。困ったときのカレー頼みです。彼女は飲みにくいお酒ができたら、いつもカレーに入れるのだそうです。

このネズミモチは暖かい地方の海岸に自生しますが、生け垣、庭木などにもよく植えられています。このネズミモチやトベラ、ヤマモモなど海岸性の植物は乾燥、強い日照りや風などの過酷な条件に強く、常緑なので生け垣に利用します。

6月ごろ、枝先にモクセイ科に似合わず、少し青臭い香りのする白色の小花を円すい形にたくさんつけます。晩秋に紫黒色に熟す実の姿からネズミノマクラの愛称も。近縁種で中国原産のトウネズミモチは、漢方名は「女貞子」で強壮薬です。タマツバキ（玉椿）という別名は玉のような実がなり、葉はツバキに似るからで、きれいなイメージが摘み菜名にピッタリです。

◆ネズミモチの力持ち酒

①黒い実は枝葉ごと洗い、10日干す。
②ビンに①を入れ、35度の焼酎を上まで注ぎ、好みでハチミツを加える。

③フタを密閉し冷暗所で1年熟成させる。

◆タマツバキのコーヒー

①ネズミモチの実は天日でよく干す。
②厚手の鍋に和紙を敷き、弱火で香ばしくなるまで1時間ほどいる。
③②をミキサーで細かく砕き、コーヒーフィルターに入れ、ポットの上に。
④コーヒーを入れる要領で、③の上から熱湯を少しずつ回しかける。
⑤コーヒーカップに注ぎ分け、好みでミルクやハチミツを加える。

神秘的な色の丸い実、根にできる「麦門冬」が薬に

ジャノヒゲ

種	ユリ科・常緑多年草
分布	日本全土
生育場所	山や林の日陰、庭に植栽
採取時期	6～8月
薬用など	鎮咳、痰切り、滋養

ジャノヒゲは庭や公園の常緑草にも活躍し、「龍のひげ」の別名も、細い葉が左右に分かれて出る草姿からの連想でしょう。

るり色の丸い実は弾力がある「弾み玉」です。私はこの神秘的な色が好きで、庭先などで青い実を見つけると、「わぁ、龍の玉」と二つほど手のひらにのせて眺めます。すると「貸して！」と横から手を伸ばし、石の上に投げて弾ませてみる人がいます。それを見て、思い出した人たちも、「子供のころ、こうして遊んだわ」と、童にかえって楽しみ出し、子供たちも「スーパーボールみたい」と真似します。

この根の肥厚した部分を漢方で「麦門冬《ばくもんとう》」と呼び、鎮咳、去痰、滋養などの薬とするそうです。

私がこの漢方名を知ったのは、15年ほど前、大阪・河内長野にある食薬草の観察会に入ったときでした。そこの機関誌名が「麦門冬」で、「この会は麦作りに関係ある

の?」と思いながら、野外観察に出ました。

土手に巻き毛状にカールした濃い緑のジャノヒゲが覆っています。リーダーの夫妻が株を抜かずに根元の土を指でのけます。2㎝ほどの紡錘形の塊を二つ摘み、「これが麦門冬です。ここ河内長野周辺の農家では昭和初期までジャノヒゲを栽培して、この塊根を薬屋に卸してたんですよ」と、見せてくれました。

「一粒洗ってかじったらほの甘くて…」などと、セミナーで話すと、ヤブランとの違いをよく聞かれます。ジャノヒゲより葉は幅広く大型の株。花は上向きに咲き、実は緑黒色、ひげ根の膨らみもジャノヒゲよりひと回り大きくて、うれしいことに麦門冬と似た効果があるとか。これも少しずつ集めて焼酎に漬け薬酒にします。

真冬でも身近に出会える麦門冬、あれ以来摘むときは株は抜かずに塊だけをいただきます。塊根を二つ三つもらったら、根元に土を戻して押さえます。「ありがとう、また来たときもちょうだいね」と、リーダー夫妻。自然とともに生きる方々と歩けば、そこかしこに草木たちと末長くつき合う知恵が光ります。

◆麦門冬の梅酢漬け

①ジャノヒゲやヤブランの根先についている糸まき状の塊だけ手のひらでこすり合わせながら摘み集める。

②しばらく①を水に浸したあと、よく洗って土を落とす。

③さっとゆで、熱いうちに赤梅酢と同量のみりんを合わせた液に漬ける。

④焼き魚の添えやお正月の黒豆に飾る。

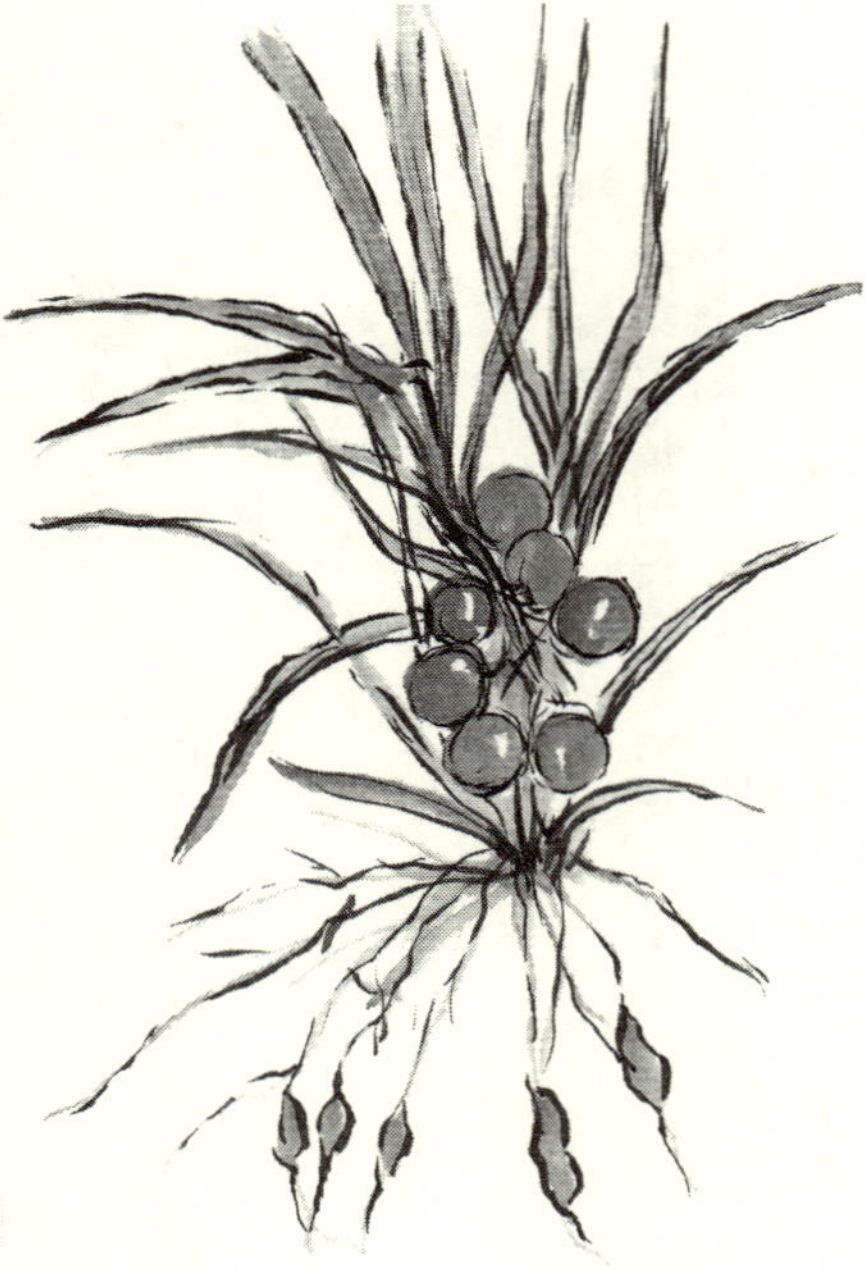

秋の摘み菜で遊ぶ

〈クズは屑?〉

「摘み菜を伝える会」のシンボルマークに使っているクズは、屑どころか、じつに無駄のない菜です。花は梅酢漬けや花蜜に、柔らかい葉はゆでて刻み、塩でもんでご飯に混ぜます。つるはリースやカゴに、大きな固い葉はお茶にしたり、皿の代わりに菜《さい》盛葉《もりば》にも使えます。そして、根はさらしてクズ粉やクズ切りの原料となります。

ところが、この根は地中深くあり、掘り上げるのはたいへんな苦労で、現在では日本で掘る人は激減しました。輸入品に頼らず、少しずつ自分で掘り、さらしてクズ粉作りを試みる、摘み菜仲間が増えてきました。クズのことを飼葉《かいば》藤とか、くつわ藤などと呼んでいる奈良県や兵庫県でも牛を飼う家も減り、飼葉としての利用もされていないそうです。

〈菜のお命、いただきます〉

現代は商業的に、いつでも何でも手に入るようになってしまったために、一方では無駄に捨て、一方では許容量以上に使ってしまうということが起きています。食膳の前に「いただきます」と言いますが、魚も肉も切り身になっていますと、生命をいただいて、私たちは自分の命をつないでいっているのだということが実感しにくいように思います。

摘み菜は自分の手でいま生きている菜の命を断つから、摘んだものは丸ごと次の命につながらなければ、と考えます。かといって、おいしくないものを無理矢理食べるのでは、身体も心も喜びません。

焼却炉で燃やしてしまえばそれまでのソバ殻や酒粕も、ソバ殻枕や粕漬けにして生かしてきたのは、一つの文化です。

固い皮もビタミンや繊維、酵素の宝庫です。キンピラやふりかけなど、ひと手間かけて、摘み菜のすべてをいただきます。

〈おなじみさんになる〉

秋になると、冬の備えに植物たちは実や根を太らせ始めます。実がなると目立つので、「これは何ですか?」とよく聞かれますが、隙があれば逃げ出したくなるのが、イネ科の植物です。植物図鑑でも単子葉植物だけ独立して一冊あるほど多く、野原を見回せば、ほとんどがイネ科の仲間です。地球上に約5000種ものイネ科の仲間があり、そのうち有毒のものはドクムギのほかごく少数です。実際、世界中でイネ、ムギを主食にしているところが多くあります。

こんなおいしい話、私もイネ科と顔なじみになりたいと、外へ出たら必ず、右手に1種、左手に1種、連れて帰ることにしました。食卓のコップに差して、通る度に図鑑で調べた名前を呼びかけます。「ヌカボちゃん、あんた背が低いねぇ」「ウキヤガラちゃんは背が高いねぇ、それに全身明るい茶色って、おしゃれさん」。不思議なもので名前がわかると、今までまとめて「雑草」にすぎなかった草たちの個性が見え始めます。

1週間ほどで枯れてしまったら、今度はいってお茶にします。そうすると「あ、これは麦茶に似ているわ」「これは玄米みたいな香り」と体が覚えます。そうして五感のすべてを使って覚えると、次に野原で出会ったときに、一面の草の中にあっても、パッと目について、その名前が出てくるようになれば、もうおなじみさん。人間同士の場合もそうですが、あなたはだーれ?と名前を知ることが、友だちになる第一歩のようです。

〈保存法いろいろ〉

さて、動物たちにとっても、秋は蓄えの季節です。いろいろな摘み菜を使って、みのり酒や保存食を作ってみましょう。

●基本の薬香酒

①煮沸消毒したビンに1/3ほど摘み菜を入れる。
②その1/3弱(ビンの1/9~1/10)の甘味を入れる。甘味はハチミツ、粗製糖など。色をきれいに仕上げたい素材のときはオリゴ糖や果糖を使うとよい。甘味を入れなくてもできるが熟成は遅くなる。
③ホワイトリカーをビン一杯に注ぐ。栓をきちんと閉める。
④冷暗所で保存する。1、2年寝かせると味はまろやかになる。

春　実ザクラ、ドクダミ、ジャスミン

夏　クサボケ、ユスラウメ、野イバラ、コブシの実、ヤマモモ、ビワの実と葉、赤ジソ、アロエ、レモングラス、ミント、ローズゼラニウム、クチナシの花

秋　カリン、ザクロ、ナツハゼ、キク、モクセイの花、ヒイラギの花、ヒルガオの根、ツルドクダミの根、ショウガ

冬　クコ、ネズミモチの実、マツの葉、タンポポの根、クロモジの枝

その他にも、摘み菜酢（ビワ、クサボケ、カキの皮、リンゴの皮）、しょうゆ漬け（ビワの種、カリンの種）、ハチミツ漬け（クサボケ、ウメ、カリン）、ジャム（クサボケ、ウメ、カリン、クサイチゴ）などを作っておくと、香りのよい調味料としていつも使えて重宝します。

冬

寒さに負けずに元気な摘み菜たち、誰もいない野へ

クコ

薬草として名高いが、身近なところで一年中摘める

種　落葉小低木樹・ナス科
分布　日本全土
生育場所　川の土手、海岸、陽地のヤブ
採取時期　一年中
薬用など　視力減退、結膜炎

薬膳料理や健康茶でおなじみのクコ。実は根はもちろん茎や葉も、肝臓の薬、強壮剤として使われてきた数千年のキャリアを持っています。意外なことに、この薬草、野といわず山といわず、町中でもいくらだって生えているのです。ひょっとしたら、ご近所の神社の境内や土手、お隣の庭先あたりで、元気に新芽を出しているかもしれません。漢方薬がこんなところに生えていてもいいの！　不思議な気もしますが、ひところのクコブームで盛んに栽培されたものが、街や河原に逃げ出し、持ち前のたくましさで根づいたものと思われます。

クコのありがたいところといえば、こまめに摘んだり、ときどき、枝を切りつめたりすれば、一年中、柔らかい葉を出してくれること。もう一つは、何といっても押しも押されぬネームバリューでしょう。日ごろ、摘み菜料理に抵抗感を示す人も、「これがあのクコよ」と言われれば、「ハハーッ」と納得。中国4000年のお墨付きをもら

ったようなものですから、安心して食べてくれます。ただ、枝に刺があるので摘むときや干すときに気をつけて。

さて、薬膳料理の一皿を彩るひときわ鮮やかなあの朱色の実。クコを乾燥させたものを使っています。ナス科のクコは、薄紫のかわいい花をつけたあと、真っ赤な実を実らせます。ちょうどミニトマトを細長くした感じでしょうか。トマトも同じナス科ですから親戚筋といったところです。

摘み菜仲間がクコの実を摘んで料理に使おうと、乾燥にチャレンジしたことがあります。天日で干したのですが、結果は大失敗。本家の中国とは空気の乾き具合が違うせいでしょうか、見事に腐らせてしまったとか。もしクコの実を摘めたら、迷わず生のままいただきましょう。ミニトマト感覚で。

というわけで、今回のレシピの中のクコの実は、中華の食材店か漢方薬店でお求めいただきたいと思います。

実の鮮やかな朱、葉のグリーン、卵の黄にご飯の白…。クコ丼を作っていると、これもまた長い伝説のある「五味五彩」という言葉が浮んできました。さて、もう一彩には何にしよう?

で思いついたのがゴマの黒です。

海の向こうの先人の知恵が、わが家の食卓で花開きました。

◆クコ五彩丼

クコは枝の刺に注意して若芽や葉を摘みます。ゆでてから空気に触れるとアクで黒ずみます。いただく直前までよく水にさらしておきましょう。

①クコの芽や若い葉を一人分一握り摘み、さっと塩ゆでし冷水にさらす。
②4人分として、水2カップを沸騰させ、みじん切りした土ショウガ、そぎ切りした鶏もも肉100gを加え、アクをすくい、しょうゆ、みりんで調味する。
③干したクコの実大サジ2を散らす。
④①を加え、溶き卵4個を回しかけ、フタをして弱火にし、2分蒸し煮する。
⑤丼にご飯を盛り、④を汁とともに4等分してのせ、黒ゴマかノリを振る。

◆クコとソバの実の雑炊

ソバの実はひと煮たちしたら、鍋ごとバスタオルで包むか、発泡スチロールの箱に入れてフタをして保温調理すれば、ふわりと絶妙の味になります。

①クコの新芽は一人分5芽摘み、さっと塩ゆでし、よく水にさらす。
②外皮を取ったソバ米（ソバの実）を洗い、6倍のダシ汁とともに沸騰させ、鍋ごと保温箱に30分入れる。
③30分後に取り出して、干クコの実とコマ切れの鶏肉を加えて5分煮る。
④しょうゆ、塩で味付けし、水溶きカタクリでとろみをつけ、①を加える。
⑤器にとり、七味を振り、ノリをもむ。

◆クコとソラマメのとも和え

つぶしたソラマメの衣でクコと残りのソラマメを和える。衣、中身とも同じ素材のとも和えは意外なおいしさです。

①クコの葉はさっと塩ゆでし、水にさらしておく。
②ソラマメをゆでて薄皮をむく。半量をすり鉢でつぶしながら粗くすり、ねりワサビとマヨネーズを加える。
③残り半量のソラマメと千切りのハム、①のクコを絞って混ぜ、器に盛る。

◆クコとシジミの味噌汁

①クコの葉はさっと塩ゆでし、水でさらす。

②一晩、砂抜きをしたシジミは、もう一度、水の中でこすり合わせて洗う。

③一人分1カップの水と②を鍋で煮る。貝が開いたら田舎味噌と酒で調味。

④椀に③を入れ、①をたっぷり浮かす。

◆クコとコンブの漆黒煮

①クコは少々固い葉も摘み集め、細かく刻んで水中でもんでアクを抜く。

②ダシコンブを2㎝長さに細く切り、水、しょうゆ、みりん、かつおを同量合わせた汁でひと煮たちして火を止め、半日おく。

③厚手鍋にゴマ油を熱し①を絞って炒め、②を汁ごと加え、いりつける。

④粉山椒を振りかける。

◆クコの焼きそば

①クコの葉や芽先をたっぷり摘んで洗い、塩ゆでし水にさらしておく。

②中華鍋にゴマ油を熱し、2㎝に切った豚ももスライスと薄切り玉ネギを炒め、塩、コショウ、干したクコの実を振る。
③中華そばを加え、カキ油とウスターソースで味をととのえて、①を絞って散らす。

根にできる塊茎を食用に、花の時期に場所を覚えて

キクイモ

種	キク科・多年草
分布	日本全土（北米原産）
生育場所	土手、河原、野原
採取時期	根は11月～3月（花は8月～10月）
薬用など	糖尿病、胃炎

私は幼いころ、畑の隅で初秋に咲くキクイモの花を「ヒマワリの子供」だと信じ込んでいました。直径6～8㎝の一重の黄色い花です。粗い毛のあるヒマワリよりちょっとスマートな葉もとても好きでした。葉が白っぽいのはシロタエヒマワリで、残念ながらこの根にはイモはつきません。

キクイモは北米原産の帰化植物で、ゴボウと同じキク科です。どんな荒れた土やごろごろ石のところでも元気に育ち、1個の塊茎を植えると、その年の冬には30個ほどの塊茎ができるたのもしい菜です。それで戦後の食糧難には、あちこちで栽培されて、それが川の土手や空き地に野生化して広がっています。キクイモの根を掘るのに適した11月～3月ごろは、葉っぱも枯れ、茎だけになっていますから、花が咲いている時期に、しっかり場所をチェックしておくようにしています。川の土手に多く、摘み菜の仲間は電車が鉄橋を渡り始めると、座席から立ち上がって確かめます。

根は放射状に広がっていますので、株の10〜15㎝外側を軽く掘って、親指大以上のものだけを摘み集めます。小さいものは土をかぶせておきますと、翌年にはまた、新しい芽を吹いて、どんどん増えてくれます。塊茎には繊維質が多く、栄養価も高く、たくさん含まれるイヌリンは、食用アルコール、果糖、あめ作りに利用されています。

私に、長い間忘れていた懐かしいキクイモの味を思い出させてくれたのは、四国の祖谷《いや》の土産として、友だちからいただいた味噌漬けでした。

大阪の淀川や岡山の旭川など、都会の河川にもよく見かけます。摘み菜仲間にとって、冬のキクイモ掘りはとても楽しみです。そういえば、晩秋になると必ず両手いっぱいのキクイモを掘って届けてくれる人。年の瀬になると岐阜の摘み菜仲間からは、2年もかけて育てたモリアザミの根が送られてきます。写真を撮りに行ったとき、野生のセリの群生の場所を見つけたと、山の中から電話をしてきてくれる友だち。こうして、それぞれの心の中にある「摘み菜地図」が摘み菜仲間のネットワークを広げています。

◆キクイモの漬け物4種

生のカリカリした歯ざわりが楽しい漬け物です。きれいに洗って2、3日天日に干してから使います。丸ごと漬ければ10日~2週間、薄切りすれば半日~1日で食べられます。

その1・紅酢漬け

①キクイモを皮のまま小口から薄切りする。

②紅梅酢1カップにハチミツ、梅干し漬けの中の赤ジソを各大サジ2入れ、半日以上漬ける。紅色が美しいので、焼き魚に添えたり、若菜ご飯の飾りにします。

その2・味噌漬け

①味噌250gを煮きり、みりん1/4カップでゆるめ、干したキクイモ500gを丸ごと漬け込む。

②漬かったら、薄切りにし、味噌ごといただく。

その3・こうじ漬け

①こうじ(または酒粕)125gを手でもみほぐし、みりん125cc、味噌125gを混ぜる。味噌の辛さによって、みりんの量は加減する。

②キクイモ300gを漬け込む。

その4・しょうゆ漬け

①しょうゆ1カップを水かダシ1/2カップで割る。

②薄切りにしたキクイモ、月桂樹の葉、唐辛子の輪切りを①に漬け込む。ゴマ油と酢を加えてもよい。

◆キクイモの粕汁

粕漬けにしておいたキクイモを粕ごと利用します。煮るとクワイに似た歯ざわりになります。

①玉ネギ1個を茶色い皮ごと、たわしで洗い皮をむく。

②鍋に玉ネギの皮、頭と腹ワタを除いた煮干し、ダシコンブ、水1ℓを入れて沸かし、ダシをとる。

③②の皮と煮干しは除き、コンブは色紙に切って鍋へ戻す。

④玉ネギは薄いくし形に切り、粕漬けのキクイモは漬けた床ごと③に入れ、7分煮る。

⑤味を確かめ、好みで白味噌を足す。ナズナ、ノビルなどの季節の摘み菜を散らす。

◆キクイモとノビルの寄せ揚げ

①キクイモとノビルは小口切りにし、柿は1㎝角に切る。
②天ぷらの衣をまぶし、中温の油で揚げる。

◆キクイモチップ

①キクイモは薄切りにし水にさらす。
②ザルに上げ、水気をふきとる。
③160度の油でカリッと揚げ、油をきる。
④黒ゴマ塩を振っていただく。

◆キクイモと柑皮のキンピラ

①キクイモは皮のままたて二つに切り、3㎝の厚さの拍子切りにする。
②無農薬ミカンの外皮を白い部分をとり除き、千切りにする。
③フライパンにゴマ油大サジ2杯を熱し、①②を1分間炒めて、粉かつお、しょうゆ、みりんで調味する。

◆キクイモの煮なます

①薄揚げは短冊に、キクイモ、ニンジン、大根、ゴボウ、コンニャクは薄切り、レンコン、干シイタケはイチョウ切りにする。

②ゴマ油で固いものから順に炒め、酢、みりん、塩で味付けし、フタをして少々煮る。

雪の中で輝く赤い実。
その姿は人の心に魔法をかける

フユイチゴ

種　　　常緑低木樹・バラ科
分布　　千葉県以西の本州、四国、九州
生育場所　低山の木陰
採取時期　11～2月
薬用など　強壮、胃炎

イチゴの旬は初夏だと思っていた子供のころに見た、映画のこんなシーンを覚えています。厳寒の季節、主人公の少女は理不尽にも、イチゴを摘んでおいでと命じられます。見渡す限りの雪野原で少女は途方にくれます。ところが、そこに思いがけず真っ赤なルビーのようなイチゴが現れて…。

冬のイチゴは森の精の魔法の力だと、ずっとそう思い込んでいたのですが、20数年前、南大阪の自然観察会に誘っていただいて、あさはかな先入観は見事にひっくり返されました。

金剛山のふもと、うっすら雪を被った山の斜面に目を凝らすと、フユイチゴが宝石の雫みたいな赤い実を光らせているではありませんか。冬のイチゴは魔法なんかじゃなく、自然の力だったのです。

ピュッと摘むとほろりとがくから外れて、草のイチゴよりプチプチした歯ごたえ。

つるをはわせて広がる常緑の木イチゴなので、木を傷めなければ遠慮なく実をいただけます。

フユイチゴを見ていると、野に生きるというのは、人が生きるのと同じだなあと思えてきます。自分にふさわしい季節を心得て、花を咲かせて実をつける。たとえそれが厳寒の時期であっても、不足にも不満にも思わず、ちゃんと個性を発揮しています。まるで「咲くときには咲くし」とでも言いたげに…。

以来、私は会う人ごとに、「フユイチゴ知ってる?」と宣伝にこれ努めるようになりました。

フユイチゴを初めて見た人は、みんな心底、感激してくれます。若い友人は、実があんまり小さくてはかなげなので、摘もうとのばした手が震えてしまったと手紙をくれました。

四国育ちのある女性は、帰省したときにフユイチゴを探してみたそうです。そうしたら、子供のころ、よく遊んだ林の中で発見。「毎年、実をつけていたはずなのに、なぜ気づかなかったのだろう。見ようとしなければ、見えてこないものがあるということなのでしょうか」と。

いっしょに連れて帰った子供が喜んだのはもちろんです。自然の中で摘んでは食べるなんて、初めてのことですから。「人は誰でも遺伝子の中に収穫の喜びを刻み込んでいるんだ…」。食べきれない分はポケットに詰め込んで、手も服も赤く染めながら、喜色満面のわが子を見て、そう思ったそうです。

知る人知る人、みんなを感動させ、遺伝子の水底に沈んでいた記憶まで揺り起こす。フユイチゴは人の心に魔法をかけるのかもしれません。

◆フユイチゴのケーキ

生地の間からちらっと顔をのぞかせる赤い実が愛らしい。フユイチゴと雑穀粉はその野生的な味がピッタリの相性です。天板で焼くので短時間でできあがります。

①フユイチゴ2カップはレモン汁大サジ1、塩小サジ1／3、クサボケ酒（またはカリン、梅、実桜などバラ科の酒）大サジ1をまぶして1時間おく。
②溶き卵1個、リンゴジュース150cc、ハチミツ大サジ3、サラダ油大サジ1をよく混ぜる。①の汁も入れる。
③片栗粉と小麦粉合わせて2カップ、重曹小サジ2／3を混ぜる。
④③を②に泡立て器で混ぜ込む。

⑤オーブンシートを敷いた天板に生地を流し、フユイチゴをまんべんなく散らす。沈まなくてもよい。
⑥表面にビート糖大サジ１を振る。
⑦２００度のオーブンで25分焼く。
⑧長方形に切り分けると赤い実がよく見える。

◆フユイチゴのソース

例えば、雪をイメージした白いヨーグルトケーキやレアチーズケーキに赤い華やかなソースはいかが？　冬場なら温めたソースをかけると、ほっと心も暖まります。
①フユイチゴは洗って、ホーロー鍋か土鍋に入れ、同量のオリゴ糖と混ぜて一晩おく。
②翌朝、とろ火で10分煮る。
③カリンのハチミツ漬けの液（またはレモン汁、あるいは梅酒）を加える。
④細かい毛を取り除くため、茶こしでこす。
プレーンヨーグルト、ゼリーなどのデザートにかけていただく。お湯で割れば薄紅色のイチゴホットのできあがり。

ナズナ

撫でたくなるほどおいしい菜。
愛称はペンペン草

種　アブラナ科・越年草
分布　日本全土
生育場所　畑、道端、市街地
採取時期　1～5月
薬用など　消化器の出血予防、肝炎

春の七草の中でも最も親しまれているナズナは、菜の花（アブラナ）の仲間です。アクもなく、おいしく食べやすい菜です。漢字では撫菜《なでな》と書きますが、これはいにしえの人が、この若菜のおいしさを知っていて、「見つけるとうれしくて撫でたくなる」ところから、名付けられたのかもしれません。

荒れ果てた空き地のことを「ペンペン草も生えない」と形容されるとおり、ナズナは人の手で荒らされた環境の中でも丈夫に育ちますので、都会でも容易に摘むことができます。

成長したナズナの葉は、タンポポに似て、ロゼット状に地面に張り付いていますが、その葉の一枚一枚の形は、頭を残してきれいに食べたあとの魚の背骨に似ています。頭は葉先の方です。見分けがつきにくいときは、根をしごくとゴボウに似た香りがしますので、それで確かめましょう。

最近、ナズナに草姿が似て有毒な、ケシ科のナガミヒナゲシが混生しています。オレンジ色の小さなケシの花が咲くころには、ナズナと区別できますが、葉だけのときにナガミヒナゲシを見分けるポイントは、葉の裏が白っぽくて、根は青臭い匂いがすることです。

ナズナは春の終わりごろ、株の真ん中から花芽が伸びて、四方に向けて下から白い小さな花を咲かせます。果実は三味線をペンペンと弾くバチ（三角形を逆さまにした形）とそっくりなところから、ペンペン草とも呼ばれるようになりました。

近ごろは春夏秋と花を咲かせ、相撲の行司さんが持つ軍配に似た小さな実をつける、帰化植物のマメグンバイナズナが都会の河川敷きや公園に増えています。若菜は在来種のナズナと同じですが、多年草のため、茎は木質化して固くなります。

「若菜は柔らかくておいしいけれど、花が咲いて実になると何の役にもたたへん」と、ほとんど見向きもされません。でも、花のついている2㎝ほどの部分は、葉も茎もしゃりしゃりと歯ざわりがよくて楽しめます。種がつき草丈の伸びた株は、天日に干してからいると、種子がはじけて、香り高いお茶になります。

◆ナズナのポタ焼き

ビールやお酒のおつまみに、ホットプレートを囲んで、熱々でどうぞ。ナズナを溶き粉よりたくさん入れるのがおいしくいただくコツです。

その1・牛肉と卵で（4人分）

①ナズナの葉4握りは1㎝に刻む。
②牛薄切り肉200gを細かく刻む。
③ボウルに卵2個と小麦粉1カップ、ケチャップ、ねりゴマ各小サジ4を合わせて混ぜ、①②を加えてさらに混ぜる。
④フライパンにゴマ油をしき、③を大サジ1ずつポタッと落とし、中火で両面をカリッと焼く。

その2・シラス干しとヤマノイモで

①ナズナ4握りは1㎝に刻み、ねりゴマ小サジ4をからませる。
②ヤマノイモを洗い、ガスの火でヒゲ根を焼き切り、皮ごとすりおろす。
③①と②とシラス干し、いりゴマ、小麦粉各大サジ4を混ぜなじませる。
④1の④のように焼く。

エビの頭をゆでて日に干し、ミキサーにかけたエビパウダーを、いりゴマの代わりに混ぜてもおいしい。

◆**ナズナのサラダ**

干し柿などの、一見ミスマッチのような材料の組み合わせが、意外なおいしさを引き出す摘み菜料理の好例です。

①ナズナの葉は一口大にちぎる。
②ちくわと干し柿は細切りにする。
③①と②を混ぜ、しょうゆ味のドレッシングを添える。

◆**ナズナのピリ和え**

①ナズナの葉と戻したワカメを一口大に切り、熱湯をくぐらせる。
②辛子明太子をほぐし、①を和える。

◆**ナズナの柚餅子《ゆべし》和え**

①固干しの柚餅子は1㎜ほどの千切りにする。

②生のナズナの葉はざくざく切り、根はごく細く斜め切りにする。
③①と②をざっくり混ぜ合わせる。ぱさつくときはしょうゆを落とし、手でもみ込むとよい。

◆ナズナとエビのリゾット摘み菜風

①ご飯の6倍の水にエビの殻を加えて煮だす。殻を引き上げ、チキンブイヨン、塩、強めのコショウで味付ける。
②エビの身を①に入れて煮えたら、ご飯を加える。
③おろし際に塩もみして刻んだナズナと、みじん切りのノビル、タイムかフェンネルを加える。

◆ナズナと柑皮だんごの吸物

①無農薬の柑橘類1個の表皮を薄くむいて、一度ゆでこぼす。1カップの水とミキサーにかける。
②小麦粉とハトムギ粉各1カップを①と合わせ、耳たぶの固さの一口だんごにする。熱湯でゆで、椀にとる。

③熱い吸物ダシを作り、椀に注ぎ、ゆでたナズナを浮かべる。

ホトケノザ

現在の種類は仏さんが座りにくそう。閉鎖花で自家受粉

種	シソ科・越年草
分布	日本全土
生育場所	畑、道端、野原
採取時期	12〜4月
薬用など	鎮痛、胃潰瘍

食用野草の本には、まず載っていない現在のホトケノザ。その姿から「三階草」の別名もあります。食べられるな、と思ったのは、茎の断面が四角くて花の唇形を見てからです。この二つの条件がそろうと、シソ科とにらんで間違いありません。これまでの経験で、シソ科には強い毒性はないと分かっていましたから。

万葉人はタビラコやオオバコ、キュウリグサなどロゼット状に葉が広がった草はみんな、「仏の座」と呼んでいたようです。まん中に仏さんが座りやすいということなのでしょう。そこへいくと、現在のホトケノザはちょっと座りにくそうです。あるいは紅紫の花が並んでいるところが、仏さんがずらっと居並んでるように見えるのかも…。

ホトケノザをよく観察すると、ぐっと伸び上がった唇形の花と、紅いぽちっとした点状の花の2種類あることに気づきます。日当たり良好なら唇形の花が開き受粉するのです。でも日が当たらなくても大丈夫。点状のつぼみは閉鎖花として中で自家受粉

します。晴れても雨でもちゃんと種を作れるって、たいしたものですね。

窒素質の土がお好みらしく、わが家でも畑で「野菜」を作ってくれる夫は、ホトケノザに手を焼いています。「唇形の花が咲き出す前にすき込んだ」と、ほっとしたのもつかの間、いつの間にか「ホトケノザ畑」になっています。閉鎖花の威力はすごいものでした。

翌春は本葉が1枚出たくらいの、うんと小さいうちにホトケノザ退治です。私は横でせっせとザルにいただきます。塩ゆでしても根っこが口に触るなあと、悩んでいると娘が「オキアミと合わせたら」と名案をくれました。温かいご飯に細かく刻んだ緑とオキアミの彩でおいしい菜飯になりました。

◆古今ホトケノザ揚げ

①古名ホトケノザのコオニタビラコは希少なので、街菜のオニタビラコの葉10枚と今のホトケノザの芽先5㎝ぐらいを10本ほど洗い、水気をふき取る。
②卵1個を溶き、水を加え1カップにする。
③小麦粉3／4カップ、片栗粉1／4カップ、酒と塩少々を②に加え、さっくり混ぜ

る。
④①に衣をつけ、軽く箸で衣をしごき落として、160〜170度の油で揚げる。

◆ホトケノザの花穂ノリ

①花穂の出たホトケノザを塩ゆでする。
②ボウルにしょうゆ、みりん、水を同量合わせ、板ノリ（湿ったのも可）をちぎり入れる。
③①をみじん切りに刻んで水気を固く絞り、ゴマ油で炒め、粉かつおと②を混ぜる。

謎の冬葵、調べていくとワクワクする発見が…

アオイ

種　アオイ科・多年草
分布　日本全土
生育場所　庭などで栽培
採取時期　12～6月
薬用など　利尿

万葉集に詠まれているアオイは、徳川家の家紋のフタバアオイとは違い、オクラやワタの仲間のフユアオイです。これは冬葵菜《とうきさい》として中医薬事典にも記され、当時盛んに栽培され、貴族への献上物でした。その後、室町時代までは庶民も食べていた記録がありますが、それ以降は記録にも姿を見せなくなりました。私はどんな味の食べ物なのか、そして、なぜ食べられなくなったのか知りたくなりました。

さっそく、万葉植物の達人で、奈良県の御所《ごせ》に住む知人に聞くと、幾日もかけてあちこち探し、古い農家の方が畑の隅に育てているのを見つけてくれました。一握りほどの葉と実のついた茎が届き、私は念願の「フユアオイ」に出会えたと大喜び。

ところが、よく見ると少し違うように思います。葉は子供のころ庭先によく植えてあったゼニアオイと、今流行のハーブ、ウスベニアオイをミックスしたような形で、基部に切れ込みがなく、葉先が大きく三つに分かれています。植物図鑑を調べてみると、フユアオイの近縁種のオカノリではないかしら。この葉を2、3枚さっとゆで、吸い物に浮かせます。適当なヌメリとクセのない柔らかさがまるでとろろコンブみたい。残りも日に干して軽くもむと、アオノリのようです。調べるたびに様々のアオイの仲間や見分け方が分かったり、謎が解けたりと、何だかワクワクしてきます。

中国を旅した友人の画家もアオイ探しの応援団です。「近くの川の土手に中国の友人宅で、炒めて食べたフユアオイに似たものがある」という知らせに、さっそく見に行きました。それはウスベニアオイのような葉で、オカノリに似た白っぽい小さな花と丸い凹形の実をつけていました。これは欧州産のウサギアオイで飼料として輸入され、毒はありません。牧場や河川沿いに点々とあり、大きく育ちます。オカノリよりヌメリは少なく、固さが少し気になりますが、苦みもなく菜として十分使えます。どのアオイもよく茂り、年中たっぷりと摘めるので、緑のゴマ豆腐を作るときに、とても重宝しています。

◆アオイのとろろ

①花を飾りに残し、芽先や葉は柄とともに1分間塩ゆでし水にとる。

②まな板の上でたたいて刻み、小鉢に入れヤマイモをすりおろしてかける。
③めんつゆをかけ、花とねり辛子をのせる。

◆アオイの葉巻揚げ

①温州ミカンを皮のまま刻み、3倍量の白玉粉とこね、小指大に丸める。
②アオイの葉で巻き、中温の油で揚げる。

葉だけ摘むと初夏まで楽しめ、ネギより多彩な使い方

ノビル

種　ユリ科・多年草
分布　日本全土
生育場所　土手、道端、野原
採取時期　11～5月
薬用など　強壮、咳止め、肩こり

「いざ子ども　野蒜《のびる》摘みに　蒜摘みに」。子供と話しながら野原へ菜摘みに出かける。採取時代の親子の姿が目に浮かぶような古歌です。

ノビルは晩秋のころから川の土手や田んぼの畦道、線路の脇などに、アサツキをさらに細くしたような、淡黄緑の細長い葉を出します。根は白くて小さな鈴のような形をしているところから、春の七草のスズナは、古い時代にはノビルだという説も有力です。

根を掘らず、柔らかな葉のところだけを摘むようにしますと、翌年の4、5月ごろ、薄い紅紫の小花たちがネギ坊主のように群れて咲くまで、次々と芽を伸ばしてくれます。

摘むと葉は三日月型の中空になっていて、ネギのような香りがします。香りで確かめるわけは、同じような時期に、よく似た場所で、有毒の彼岸花や水仙の葉も芽吹き

始めるからです。花が咲くと分かりやすいのですが、葉だけ見ると、これらは少し大型という以外には見分けがつきにくいので要注意。間違ってヒガンバナやスイセンを食べると腹痛を起こします。

食薬草に比べ、毒草の種類は少ないのですが、中毒の記事がときどき新聞に載ったりします。毒草を摘まない手っ取り早い方法はありませんが、「何度も摘んで食べ慣れている人といっしょに摘む。おばあちゃんとしたセリ摘みのように…」。その際、姿、形だけでなく、手ざわりや味、においなどを五感で覚えるのが確実で早道です。

ノビルはネギの仲間なので、ネギと同じようにというより、私にはネギよりもっと多彩な使い方ができる菜です。

ノビルには胃腸を丈夫にし、身体を温める効果があります。「ノビルは太古の昔から、風邪に負けない冬の活力菜よ」と話しながら、摘んだノビルのカゴを囲んで、摘み菜の仲間とおしゃべりをすると、「戦争中に、身体にいいからと疎開先でよく摘まされました」と、懐かしい思い出話が弾みます。「摘み菜は人と人とを和ませるコミュニケーションの場」を実感するひとときです。

◆ノビル和え

ノビルの野生の風味が生きるお手軽料理です。応用範囲も広く、食欲を増進させてくれます。

①ノビルは0・5〜1㎝に切る。

②マグロの味付けフレーク缶詰に、田舎味噌を少々加え、①をたっぷり入れる。手でよくもみ混ぜ、なじませる。

③熱いご飯にのせていただく。ノリで巻いてもおいしい。湯豆腐や冷や奴にのせても。

◆ノビルと酢じめサンマの一口握り

ノビルには魚の臭みをおさえ、おいしさを引き出す効果があります。そんな特徴を生かした料理です。

①ノビルは洗い、軽く握ってしんなりしたら、3㎝に切って並べる。

②米を1・1倍の水で炊き、寿司飯にする。

③酢じめしたサンマ、または小鯛の笹漬け、サバの一口味噌煮を一人3〜5切れ用意する。

④寿司飯を一口大に握る。①のノビルをのせて③で押さえ、1・5㎝幅に切ったノリで帯のように巻く。

◆ノビル巻き

ちょこんと結んだ形がかわいらしい。

①ノビルは長い葉を10本ほど残し、残りを5㎝に切る。

②カニカマボコを縦半分に開き、ノビルを10本ほどはさみ、長い葉で上下2カ所をしばる。

③斜め横二つに切り、切り口を見せて盛る。ショウガじょうゆでいただく。

◆ノビル卵の赤だし

①ノビルの葉入り卵焼きを椀に入れる。

②赤だしを注ぎ、ノビルの葉を散らす。

◆ノビルのスタミナスープ

①鶏手羽肉とすりおろしたショウガを一人分300ccの水で30分煮て骨を除く。

②しょうゆ、塩、梅びしおで味付けし、みじん切りのノビルの葉をたっぷり散らす。

◆ノビルのゴマネーズ添え

①ねりゴマを同量のマヨネーズでのばす。
②ノビルは生のまま①をつけていただく。焼いても香ばしくておいしい。

◆ノビルのぬた

①大きめの葉と根をさっとゆでて刻む。
②薄揚げはあぶって色紙に切る。
③辛子酢味噌を添えていただく。

◆古今スズナの甘酢漬け

①カブの根は5㎜厚の輪切りにする。

②①とノビルの根は塩でもみ、しんなりしたら洗う。ラッキョの汁に漬け半日おく。

タネツケバナ

繁殖力旺盛で芽先をたっぷり味わう。冬から摘みごろ

種　アブラナ科・越年草
分布　日本全土
生育場所　水田、湿地、溝のそば
採取時期　12～4月
薬用など　むくみ、膀胱炎、尿道炎

1994年11月、関西テレビ放送制作で、摘み菜料理が全国放映されました。体験レポーターは女優の菅井きんさん。料理作りには三重県の仲間に協力をしてもらいました。

放送が終ったとたん、テレビ局や「摘み菜を伝える会」にたくさんの問い合わせの電話が寄せられました。

そのなかに「寒い冬でも摘める野草はありますか？」と、遠慮がちな質問がありました。私は「ネギや大根は冬が旬ですよね。それらの仲間の野草も、当然、冬がおいしいですよ」と答えました。

さて、アブラナ科のタネツケバナは大根の仲間です。水田跡や少し湿ったところを好み、冬から春にかけてが摘みごろです。茎は10～20㎝、基部から多くの枝を出して立ち上がり、基部近くは普通、紫色を帯び、葉はナズナのような切り込みがあります

が、クレソンに似ていて、葉の先が丸いのが特徴です。味にもピリッとした辛さがあります。

早春の水田跡一面に、４枚の花びらをつけた白い花が咲くとモミ種を水につけて、苗床作りの準備を始める目安にしたことから、タネツケバナの名がついたと言われています。繁殖力が旺盛なので、芽先をたっぷり摘める菜です。山辺の道の湿気の多いところには、オオバタネツケバナがよく見られます。これはとても柔らかく、根を傷めないように優しく摘むと、次々と新芽を出してくれます。

人工的に栽培され、いま「野菜」と呼ばれて八百屋さんに売っているのは、厳密に言うと「蔬菜《そさい》」で、もともと野草を改良して作られたものです。ですから私は、新しい摘み菜に出会うと、ちょっとかじって香りや味を蔬菜の何と似ているかと比べてみます。そして、ノビルはネギの妹みたいだから、ネギと同じように、タネツケバナはカイワレ菜と似ているからサラダや吸物にと考えます。

野草には蔬菜にはない独特の風味があります。様々なビタミンやミネラルなどの微量元素を豊富に含むからということかもしれません。実際、野草の菜には身体に微量ですが、必要なゲルマニウムが栽培種よりずっとたくさん含まれているという、本の記述に出合ったこともあります。

けれども、私はそれ以上に、厳しい自然の中で、自らの力だけで生きる、命のたくましさが育てたおいしさだと思っています。

◆タネツケバナの中華風サラダ

旬の生食野菜が少ない季節に、思いきり新鮮なサラダです。大輪の花のように盛りつけましょう。

①大皿にワカメを敷き、大根の千切りをのせ、生のホタテ貝のスライスを並べる。
②しらがネギとタネツケバナをのせ、カシューナッツの粗みじん切りを散らす。
③中華風ドレッシングを添える。

◆タネツケバナの納豆和え

定番の納豆料理も、摘み菜風にすると辛し抜きでもピリッと辛くて、ひと味違う新鮮な一品に変わります。

①タネツケバナは一握り摘み、生のまま細かく刻む。
②納豆と梅干しを細かく刻む。

③いただく直前に①と②を和え、もみノリを振る。納豆を叩いたまな板は、水でしばらくふやかすと、すぐにヌメリが取れる。

◆タネツケバナの香り雑炊

ミカンの皮も使った香りだんごの吸物に。無農薬のミカンがないときは、ユズの皮を生のまま使います。

①タネツケバナは食べよい長さに葉や芽先を摘み集め、洗っておく。
②無農薬の温州ミカン3個を丸のまま洗い、皮ごと中身も粗く刻む。
③ミキサーに②と水1／2カップを入れ、1分間まわす。
④白玉粉とだんご粉を各1カップ、豆腐1／2丁と③をこね合わせ、一口大に丸める。
⑤吸物ダシを沸騰させ、④を入れ、浮いてきたら汁ごと椀にとりわけ、①のタネツケバナを浮かす。鶏肉やキノコを加え、鍋仕立てにしてもおいしい。

都会でも摘める重宝な街菜《まちな》。
急速に広まった外来種

セイヨウカラシナ

種　アブラナ科・越年草
分布　日本全土（西日本に多い）
生育場所　河原、土手、空き地
採取時期　12～5月
薬用など　咳止め、ウルシかぶれ（外用）

こんな寒い季節に、野の草木はどうしているのかと、大阪の都心を流れる淀川べりを歩いてみました。薄日のさす河原は、一面冬枯れの寂しそうな風景が広がっています。

去年の秋、ヨモギ風呂にしたヨモギの花穂も、ひざ丈ほどに伸びたまま、立ち枯れていますが、近寄って見ると、穂株の根元には若い芽が。少し先には、アブラナに似た菜の群生がありました。これは野生のセイヨウカラシナ。春になると土手一面、菜の花でまっ黄色に染まる風景が目に浮かびます。

20年ほど前、少し体調を崩し、教職を辞した春、娘たちと大和川の上流に、久しぶりにツクシ摘みに出かけたときのことです。川の両岸が黄色い花でびっしりと覆われていいます。「以前、来たときにはこんな花、なかったわ」。考えてみると、在職中は仕事と家事の両立に手いっぱいで、ここに来るのは10年ぶりでした。その花は、幼いころ畑の畦道でよく見かけた菜の花に似ていますが、一本ずつが少しスマートです。

「この花、何かな？」

家に帰るとさっそく、大阪市の自然史博物館に問い合わせてみました。「それはセイヨウカラシナ。栽培されているカラシナのもとになった野生種です。このごろ急に増えたんです」。それにしても、たった10年ほどで風景が一変してしまうなんて驚きです。

セイヨウカラシナは都市部でも摘めるとても重宝な「街菜」なので、あちこちの冬のセミナーで使います。そのときにセミナー生の方にもセイヨウカラシナを摘んでいただくのですが、どうも場所によって少し姿や味が違うようです。

奈良県在住の方は「飛鳥川で見つけたのは、在来の和ガラシのようで、アクが強くて…」と話されます。兵庫県の猪名川ではアブラナと交雑したのか黄緑の柔らかい葉をしています。岡山の旭川では黒紫のタカナに似た群落がありました。きっと近くのアブラナ科の野菜と交雑して、いろいろな菜に変化したのでしょう。

ところで、今ではふつう、菜に花が咲いてしまうと、「とうが立った」と言って食べませんが、昔はそれを「末菜《すえな》」と呼んで「若菜」と同様、楽しんでいたようです。茎はすっかり固くなったように見えますが、皮をむくとシャリシャリと歯ごたえのよい菜に生まれ変わります。

こんな重宝な菜も、牛がお腹いっぱい食べて死んだというニュースに驚きました。胃が4つある動物は大量のカラシ成分が発酵しすぎるとか。でも、大丈夫。私たちは生では牛ほど食べず、ほんの少し。ゆでればアクも抜け、カラシの刺激も減ります。

◆セイヨウカラシナの味噌炒め

豚肉や油揚げなどと相性がぴったりです。ここでは茎の部分だけを炒め、半生サラダ感覚でいただきます。

①カラシナの葉は2㎝に刻み、水に浸してアクを抜く。
②①とアロエの花をゴマ油と塩少々でさっと炒める。
③豚肉の薄切りと葉の茎は一口大に切ってよく炒め、カキソース、赤味噌、みりんを加えて調味する。
④③に①を戻して混ぜ、味をなじませる。キャベツやモヤシを加えてもよい。

◆セイヨウカラシナの香り漬け

市販のものにはない、さわやかなピリ辛さがお茶漬けにもよく合います。

①カラシナの葉と花穂の先は、一口大に摘み集め、塩少々を振り、すりこぎで軽くたたく。
②しんなりしたら、茎は小口から細かく、葉先は大きめに刻む。
③無農薬ミカンの外皮とメヒビ（ワカメの株元）、またはコンブの千切りを加えて塩を振って、汁が出るまでもむ。
④チリメンジャコを加え、皿を3、4枚重石にして、2時間ほど漬ける。

◆セイヨウカラシナの生春巻き

ベトナム料理と摘み菜のドッキングした一品です。

①鶏手羽肉は照り焼きにして細く切る。
②鶏肝は甘辛く煮て、一口大に切る。
③生の春巻きの皮（中華やエスニック食材売場でライスペーパーとして市販）は1枚ずつ霧を吹いてしばらくおく。
④カラシナは一口大に摘みさっと熱湯に通し、刻んでノビルと魚醤（ナムプラー、またはしょっつる、いしる）、なければダシしょうゆをかける。
⑤③に①②④を包んでいただく。好みでユズ酢を振るとさわやか。

早春の芽は甘くて美味。
四季の姿に出会っておなじみに

ノカンゾウ

種　ユリ科・多年草（ヤブカンゾウ）
分布　日本全土
生育場所　平地、丘陵、土手
採取時期　新芽は12～3月、花は6～8月
薬用など　血便、水腫、黄疸

ユリ科のノカンゾウやヤブカンゾウは、ススキを柔らかくしたような葉が着物の襟のように組み合わさって芽を出すキスゲの仲間です。早春の芽は甘くておいしいけれど、有毒のスイセンやヒガンバナの葉とも混生します。芽、葉、花、実と四季の姿に出会っては、おなじみさんになってきました。

〈私の摘み菜日記から〉

▼1月6日　奈良県生駒で母と七草を摘む。小指の先ほどの萌黄《もえぎ》色の芽がのぞく。そっと周りを指で握ると、土の下3㎝ほどに白っぽい茎が見える。そこを親指と人指し指でつまんでねじる。「ごめんね、あんたたち、今年は葉も花も出せなくて」。一面に芽が出ていたが、4人家族の煮物椀に2芽ずつもらって土をかけた。

▼3月10日　滋賀県大津市の姉から電話。「10㎝ほどのカンゾウの芽、バス停の横で見つけたけど要る?」「欲しいわ、ついでにヨモギとノビルも」「去年4月に送ったのは

伸びすぎてたね。地上の緑の葉ばかりで固かったし、よーし、この春こそ、と気をつけてたんよ」。一族郎党、みな私の摘み菜のサポーターみたい。ありがとさん。雨の中、ご持参。久しぶりでしゃべりながら摘み菜の掃除も楽しい。夕食はワスレグサの卵とじ。

▼6月19日　宝塚セミナーの方から橙赤色でユリ形の八重咲き花をいただく。一重咲きはノカンゾウ、園芸種ならヘメロカリスかもと、話に花も咲く。調べるとキスゲ属の栽培や交配の盛んなアメリカでは学名のヘメロカス属をデイリリーと呼ぶ。意味は1日の花の命。

▼8月10日　夕方のテレビでユウスゲの咲く海辺が映った。そのレモン色の花姿は遠い日、夏休みを過ごした福井県・若狭高浜の景色と重なりなつかしい。昼咲きのハマカンゾウがすぼんでいく夕暮れ、風にゆれてゆっくり開き始める淡い黄色の花ユウスゲ。幼なじみに出会ったみたい。

▼10月13日　豊中セミナーのメンバーから干した金針菜《きんしんさい》を、神戸の中華街のお土産としていただく。今までの茶色のではなく美しい金色。中国産のホンカンゾウのつぼみを2、3分ゆでて乾燥したもの。鉄分を多く含むそうだ。同音で混同しやすい漢方薬の「甘草《かんぞう》」はマメ科で別種。根や走出茎《そうしゅっけい》が砂糖の１５０倍の甘みを持ち、しょうゆや

錠剤の甘味料、風邪や胃腸病などの薬になる。私のカンゾウ暮らしも摘み菜仲間のお蔭。

◆芽カンゾウの酢味噌和え

ネギ嫌いの子供も喜ぶぬたです。カンゾウ類を一度に多食すると発疹がでる人もあるので注意しましょう。

①ノカンゾウの葉を洗い、白い部分と緑の部分に分ける。
②白くて柔らかい部分は3㎝に切り、さっと塩ゆでして冷水にとる。ザルにあげ、軽く水気をきる。
③白カマボコを3㎝の短冊に切り、酒と塩少々を振って、空鍋でさっといる。
④食べる前に②と③を酢味噌、または辛子入りの味噌マヨネーズで和える。

◆カンゾウの中華ソテー

独特のヌメリと甘みがおいしい。

①ノカンゾウは固い葉を切り落とす。根元の土を落として、よく水洗いし、3㎝くら

いに切り、さっとゆでる。葉は天日に干し、お茶に利用。
②カンゾウの干したつぼみも水に戻す。
③キクラゲを5㎜巾に切る。
④イカの燻製にワインか酒を振りかけ柔らかくする。
⑤①～④を油で炒め、塩と豆板醤《とうばんじゃん》少々で味付けをする。
⑥器に盛り、唐ボケの花などを飾る。

◆ヤブカンゾウの豆腐あんかけ

夏に干しておいた花も合わせて、もちろん、なければ芽だけでもOKです。
①ノカンゾウの芽はさっとゆで、干したノカンゾウの花は水で戻す。
②みじん切りのショウガと豚ミンチをゴマ油で炒め、味噌、みりん、オイスターソース、豆板醤、水を入れて調味する。
③①と②を合わせ、水溶きのクズ粉でとろみをつける。
④水を切った木綿豆腐一丁を8等分し、ゴマ油で表面を焼いた上に③のあんをかける。

◆花カンゾウ添えクズたたき

①ノカンゾウ、ヤブカンゾウの花をゆで、水にさらしてつまにする。

②豚のもも肉の薄切りに、薄く塩を振り、クズ粉を細かくすったものを両面にたたきつけ、熱湯でゆで表面が透き通れば冷水にとる。

③器にクズの葉を敷き、①②を盛りポン酢を添える。

かむとキュウリの味。
冬はティースプーン形の葉が目印

キュウリグサ

種　ムラサキ科・越年草
分布　日本全土
生育場所　野原、道端
採取時期　12～4月
薬用など　整腸

よく「ワスレナグサに似ているね」とか、「ワスレナグサとどこが違うの？」と聞かれます。ワスレナグサもキュウリグサと同じくムラサキ科で、青紫の小さな花がつきます。でも、葉に毛があることや花穂が巻かないことからキュウリグサと区別できます。

図鑑には「葉をちぎってもむとキュウリに似たにおいがする」と書かれています。その香りを生かして、キュウリのように使ってみました。葉は柔らかく、かむと思ったとおり若いキュウリのような味がして、苦みもえぐみもありません。サラダや手巻き寿司の具にぴったりです。

この話を正月に友人にしました。友人はその足でキュウリグサを探しに行ったそうです。ところが「1本も見つからない。どうして？」と、電話が入りました。よくよく話を聞いてみると、彼女は花を目印に探していたそうです。冬のキュウリグサはまだ花はほとんどなく、寒さから身を守るため、地面にティースプーン形をした葉を放射状に広げています。葉の形も花のころとは違います。

それを聞いた友人は、「それで見つかれへんかったんやね。今から、もう一度探しに行くわ」と、すぐに探し当てて料理してみたそうです。その日の夜、彼女から再度電話が入りました。「おいしかったわ。もう一度探しに行ってよかった！」。電話の声はまだ弾んでいました。

◆キュウリグサと末菜のトルコ風サラダ

①キュウリグサは洗って一口大にちぎる。花穂があれば飾り用にとっておく。②末菜（花茎のたった青菜）の茎は、２㎝に折りながら皮をむき、塩水につける。③中エビは背を開き、ワインで酒いりして、塩、コショウで下味をつける。④①②③を混ぜ、ヨーグルトに塩、コショウで味付けしたソースをかける。ゆでたジャガイモを底に敷いてもよい。

◆キュウリグサのけんちん汁

①大根、ニンジン、ゴボウ、コンニャク、干シイタケ、長ネギなどを炒め、水切りした豆腐を手でくずしながら加える。

②水3カップ強を加え、しょうゆ、塩、酒少々で味をつける。

③煮えたら一口大にちぎったキュウリグサを加える。

◆キュウリグサと大根の即席漬け

①大根は細く切り、ショウガ、コンブは千切りにして塩でもむ。

②キュウリグサの葉は塩少々を振る。

③①の水気を軽く切り、②と混ぜる。

④センリョウやマンリョウの赤い皮を彩りに散らす。

海辺にアシタバそっくりの大株。
アク抜きで浜菜に昇格

ハマウド

種　セリ科・多年草
分布　関東以西の本州、四国、九州、沖縄
生育場所　海辺の砂地
採取時期　一年中
薬用など　消炎、入浴剤

「春の潮、未知の苦草《にがぐさ》、浜の菜に」

ある冬に歩いた京都府・丹後の海辺、アシタバそっくりの大株が一面に生えていました。「アシタバは強壮効果があるそうで、病気の母に食べさせたいから、たくさん見つけたら教えて」と言う友人に送ろうと心躍ります。芽心の葉を残し、周りの30㎝丈の葉を摘みます。その葉は濃い緑で固く、皮質、茎には赤紫の縦縞模様がくっきり。摘み口から半透明の汁が出ます。以前に夫が畑で育ててくれたアシタバの汁は黄色かったけど…。指先をちょっとなめると、その苦いこと！　地元の人にこの苦い草の名を聞いても、「知らん、食べん」の返事です。

帰ってさっそく「君の名は？」と、葉形や香りからセリ科に目星をつけて、海浜植物図鑑を操ると…ありました。「ハマウド＝関東より西に多く、別名オニウド。近縁のアシタバは八丈菜とも呼び、関東南部の太平洋沿岸に自生する」と。浜のウドなら大丈夫と、次に薬草事典を調べます。薬用のニホントウキや砂糖漬けのアンゼリカ、漢方で風邪薬にするシシウドと同属で、ありがたい菜の仲間です。ただハマウドだけは苦みが強くて食べないとは残念。

水に差したハマウドの大きな葉は10日たっても緑がツヤツヤ、ブリの刺身の大皿盛りにこのパワフル葉を敷くと海の気がみなぎります。西日本の海ならどこでも、一年中元気な大株で迎えてくれるハマウドの存在に気づいた私。「おいしければ、もっとうれしいのに」と、食いしん坊心が頭をもたげます。

娘からもらった「沖縄の長寿食と伝統料理」の本。家族は私が摘み菜で遊ぶのが大好きなことを知っていて、テレビや新聞の情報、旅のお土産にも喜びそうなものを選んでくれます。その本の中に「神経痛やリュウマチの炎症にハマウドの根を削って日に干し、1日量10gを煎じて飲む」とあり、消炎用の薬草だと知りました。苦みが身体を冷やし炎症の熱を下げるようです。さっそく試してみました。煎汁は苦く、かえって関節がキュンとなります。東洋医学の先生にたずねると、「今、炎症も何もないときに、アクのままの多食はよくないよ」と教わりました。郷土に伝わる食べ方は、その草を口にした先輩たちのたゆまない努力や工夫の集積です。

私もハマウドに聞きながら苦みのもとは草汁にあるからと、水の中でよくもみ出そうとか、セリに似た香りと浜菜らしいシャキ感と鮮やかな緑を生かしてと、楽しい料理遊びが続きます。3年目の春、ふと思いついた「ハマウドの揚げ玉」は大人気。とうとう浜の苦草も堂々の浜菜となりました。

【水もみアク抜き法】

①ハマウドは芽心の葉を残し、30㎝までの柔らかい葉を2人分で1本ほど摘む。

②太い茎は割り箸大に縦切りにし、葉とともに小豆粒大に刻み、ザルのまま水をはったボウルに浸す。

③水の中で②を両手のひらでこするようにもみ、アクの出た水を替える。

④5、6回繰り返し、水が澄めばそのまま浸しておく。調理する前にザルに上げ水気を切る。

◆ハマウドの当座煮

基本のアク抜きをしたあとも、塩ゆでと油炒めでさらに苦みを抜きます。

①アク抜き下処理をしたハマウドを熱湯で2分間塩（または灰汁）ゆでし、水にとってさらしておく。

②ゴマ油を熱してハマウドとよく干したシラス干しを炒め、しょうゆ、味噌、梅酒で甘辛くいりつける。

〈この当座煮を使った料理2品〉

ゴマライス　炊きたてのご飯に黒ゴマと当座煮、あればマタタビやキクイモ、ゴボウなどの味噌漬けを細かく刻んで入れ、軽く混ぜる。

キンピラ風箸休め　茎ワカメを縦に細かく裂く（なければダシをとったあとのコンブの細切り）。それを2、3㎝に切り、ゴマ油で炒め、しょうゆ、梅酒かみりん、赤唐辛子の輪切りで調味し、当座煮をまぶす。

◆ハマウドの揚げ玉作り

水もみで抜け切れなかったアクは、天ぷらをヒントに新開発したスピードアク抜き法です。揚げたてが命です。

①アク抜き下処理をしたハマウドに塩を振り、ビニール袋に入れ、葉の半量の小麦粉を加え、ふくらませて口を輪ゴムで閉じる。

②両手で上下左右に振り、粉がハマウドの表面に白く均一についたらそのまま10分ほどおき、なじませる。

③中温の天ぷら油に散らすように入れ、緑が鮮やかなうちにアミ杓子ですくい上げ、天ぷら敷き紙の上で油切りをする。

〈この揚げ玉を使った料理3品〉

茶漬け風　温かいご飯に揚げ玉とタラコ、おろしショウガをのせ、摘み菜茶をかける。

磯うどん　素うどんに手元にある磯菜（ヒロメ、アオサ、ワカメ、トサカノリ、フノリ、おぼろコンブなど）やちくわをのせ、揚げ玉をたっぷり散らし、七味を添える。

温奴豆腐　温めた豆腐にミカン味噌（皮ごと温州ミカンを刻み、同量のみりん、ダシ、味噌を合わせてミキ

サーにかけたもの）をかけ、揚げ玉を散らす。

◆ハマウドと海藻の海の気風呂

①ハマウドの固い外葉や浜で拾い集めた海藻の固い部分はよく洗って天日に干す。

②一握りを布袋に入れて湯舟に浮かす。

ヒジキ

天然ものに初見参。あめ色から緑、そして黒へと三色変化

種　褐藻類・ヒバマタ科
分布　日本全土
生育場所　海中の岩上
採取時期　新芽は真冬、他は春
薬用など　水腫、利尿

黒潮洗う三重県紀伊長島町。ここの荒磯で西さん一家は長年、海藻を採り続けています。早春の大潮の日、摘み菜仲間は引き潮で姿を現した西さんの藻場に案内をしてもらいました。

20cmほどに伸び、琥珀色に成長して岩一面を覆うヒジキ。「ヒジキって真っ黒と思ってたのに」「天然なのに整然として畑みたい」「生のヒジキって、コリコリして磯の香りがするね」など、初体験の感動が飛び交います。ところどころには紅色のフノリが伸び、深みにはフトモズクやテングサがゆれています。

私たちがワイワイ騒ぎながら磯菜《いそな》摘みをしている間も、西さんは収穫に余念がありません。磯菜の柔らかくておいしい季節は早春のころ、まだ、冷たい海の中です。もう少し待つと海は温かくなり、ヒジキも成長して収穫量も上がるのですが、西さんはほんとうにおいしいものをと、新芽の時期に「寒ヒジキ」として提供されます。

生のヒジキをさっとゆでてみました。すると、あめ色のヒジキが一瞬のうちに春の海のようなエメラルドグリーンに変わりました。「あんた、こんなきれいな色を持ってたのね」。私はヒジキがますます好きになりました。

ところで、ふつう店に売っている干ヒジキは茶色でもなく緑でもなく、ほとんど真っ黒です。干ヒジキは数時間ゆでたものを天日で干すのですが、干しているときに、ヒジキに含まれているタンニンが紫外線と反応して黒くなるのだそうです。あめ色と緑と黒。ヒジキ摘みをしたおかげでヒジキの三色変化を知ることができました。

ヒジキのほかにもホンダワラ、ウミトラノオ、アカモクなど、藻褐素《そうかっそ》と葉緑素を持つ海藻を褐藻《かっそう》類と言います。今ではヒジキ、コンブ、ワカメ以外は常食されなくなりました。現代はスーパーマーケットなどの発達で、世界中から食材がやってくる反面、その土地独自の食べ物が消え、大規模な流通に適さないものはほとんど切り捨てられ、九州と東北でまったく同じものを夕ご飯に食べているのかもしれません。一見豊かな食卓のようですが、ちょっと寂しい気がします。だから私は、せっせと野山や磯浜で菜を摘んで、食卓をにぎわしたいと思っています。

ホンダワラは神馬藻《しんめも》やジンバソウとも呼ばれ、神様の降りてくる依代《よりしろ》としてお正月などの飾りに使われていました。今でも結婚式の料理には縁起物としてホンダワラが使われるそうです。

古代の藻塩焼きに使われたらしいウミトラノオやアカモクなども竹の葉や皮、または米ぬかとともにゆでると、酵素の働きで柔らかくなります。自分の手で集めた磯菜をおいしく食べる工夫って、最高に楽しい！

◆ヒジキの黒ねり長寿味噌

黒い食材は長寿の力があるとか。干ヒジキと黒ねりゴマを合わせ、コクのある味に。コンニャクや豆腐に塗り、紅ショウガ、クコの実で彩ります。

①Bの下ごしらえをしたものや市販の干したヒジキやホンダワラ類はぬるま湯で柔らかく戻し、ザルにあげる。
②ミキサーに①を細かく刻んで入れ、同量のしょうゆを注ぐ。1分間回し、厚手鍋に移す。
③②と同量の赤味噌、黒ねりゴマ、バラ科の実（リンゴ、ウメ、クサボケ、ビワ、プルーン、カリンなど）のジャムを加え、均一になるまで混ぜる。
④弱火にかけ、焦げないように木ベラで混ぜながら20分練る。

◆磯々カナッペ

①クラッカーの片面に黒ねり味噌を小サジで1杯塗り、白っぽい無地の大皿に並べる。
②①の上に磯の魚貝、小エビやタコ、タラコと磯の青菜、アオノリ、ハマボウフウ、ハマチシャ、オカヒジキなどを彩りよくのせる。

◆アラメとスルメのピリ辛炒め

①スルメは細かく裂き、酒を振って柔らかくしておく。
②アラメは柔らかく下ゆでし、ピーマン、玉ネギとともに一口大に切る。
③玉ネギに塩を振って炒め、①とアラメ、ピーマンを加える。
④ピーマンの緑が鮮やかになれば、唐辛子味噌で味をつける。

◆ウミトラノオの元気ふりかけ

①Bで処理したウミトラノオやホンダワラ、ヒジキ、アラメは洗い、梅酢をたっぷりかけてふやけさせ、ごく細かく刻む。
②乾燥ニンニクを厚手鍋で空いりしてラップに包み、すりこぎで砕く。

③①②とシラス干し、ハコベを天日に干し、もみつぶした粉と合わせる。

◆生の海藻を柔らかく緑にする下ごしらえ

早春の褐藻類のワカメ、ホンダワラ類も生では固くて渋味があります。サラダ、和え物、しゃぶしゃぶなどはシャキ感ときれいな緑の出るAの処理で。煮る、炒める、ふりかけ、磯菜味噌は茶色でも柔らかくなるBの方法で。

A　少々固くても緑に仕上げたいとき

①鍋の水に一握りのぬかを溶き、洗った海藻を浸しておく。
②火にかけ、混ぜながら海藻が緑に変わったら、沸騰前に降ろし3分おく。
③色があせないうちに水に入れて洗う。

B　茶色でもごく柔らかくしたいとき

①鍋の水にぬか汁を加え、熱いめの風呂の温度まで熱し、洗った海藻を入れる。これで酵素が働く温度になる。
②すぐにフタをして一晩おく。
③翌朝、火にかけ、沸騰したら火を止め、そのまま冷ます。

アラメ、カジメ、アカモク、ウミトラノオなど、大型で厚手の海藻は、これを2回繰り返し、天日に干す。

戦時中はパンの増量材料に、
私には大事な街野菊

アレチノギク

種　キク科・越年草（帰化種）
分布　日本全土（南米原産）
生育場所　道端、野原、市街地
採取時期　11～4月
薬用など　解毒、整腸

国際的な文化の交流とともに、外来の植物が増えています。それらはまず空港や港におりたら、強い繁殖力で河川敷や街中へと広がってきます。その中にはよく食べられ、故郷の国ではれっきとした「野菜」として、サラダにスープにと大活躍しているものもあります。

いくら摘んでも大丈夫なので、街に住む摘み菜人には、心強い「お助け菜」です。阪神大震災で野菜の流通が途絶えた折りにも、摘み菜仲間たちは、道ばたの小さな土の上に生きる「街菜」の命をもらって、緑豊かなおかずを作ることができました。

「コンクリートとアスファルトに埋めつくされた都会では、摘み菜なんてできないわ」と思い込まず、もう一度地面の隅々まで、よく見回してみてください。街並木の根元の1mほどの植桝や駐車場の隅のアスファルトのすき間に、アレチノギクやヒメムカシヨモギ、ホウキギクが生えていませんか？　10日ほどで50cmにも伸びるたくましさには目を見張ります。

　戦時中の食糧難のころには、線路沿いにはびこるアレチノギクを「鉄道草」「文明草」と呼び、パンの増量材料に使ったそうです。わが家の前の空き地に茂るアレチノギクを触りながら、お向かいの奥さんは、「あのころは勉強なんかせんと、この葉をしごき集めて、屋根の上で干して学校へ持ってくのが宿題やったわ」と懐かしそう。中国では解毒に用いる薬草でもありますから、その時代の不十分な食事を補う効用があったことでしょう。

　今は空き地を覆う雑草だと気にもとめられないばかりか、邪魔もの扱いされる、この草を食材として見分けられるなんて、すごいなと感心しました。それからはアレチノギクやヒメムカシヨモギと急接近し、ごちそう作りを楽しみました。今ではもう「荒れ地の野菊」とか「昔のヨモギ」と呼ぶのはもったいなくて、私にとって大事な「街野菊たち」です。

　早春の七草摘みでも、道端にかがみ込んで遊びます。「細長い葉のふちが浅く丸く切れ込んでるね。葉の柄や脈も赤みがかってるし、あんたはヒメムカシヨモギさん?」。触ってみて葉の両面が毛でふわふわしてると、「あんたは街野菊さんやね。母子草より葉の緑が濃いわ」と。

そのほか、タカサブロウなども柔らかくておいしい街野菊です。春にどんどん伸び、いくら摘んでも大丈夫。そばを通るたびに芽先を二握りもらって帰り、洗い物のついでに、小口から細かく刻み、水の中でもんでは水を替え、アク抜きをします。これを塩ゆでし、軽く絞って牛薄切り肉といっしょに油で炒め、ガーリック、しょうゆで味をつけると、朝食のパンやご飯に合うビタミン満点のおかずになりました。

◆アレチノギクの天然パン

忘れかけていた戦時中の知恵を今に生かそうと、摘み菜仲間が工夫を重ね、「街野菊」の風味を包み込んだ天然酵母のおいしいパンの誕生です。キク科独特の苦みや辛さ、細かい毛も干して粉にすることで和らぎます。

①アレチノギクの生葉を両手いっぱい摘み、洗って天日に3日干し、もんで粉にする。

②強力粉200g、薄力粉50gをふるって、水150cc、塩小サジ1／2、粗糖小サジ1／2を加えてまとめる。

③ここへレーズン酵母から作ったパン種150gとバター20gと①を加え、たたいたりせず、やさしく手早くこね、ボウルに入れラップをかける。

④2時間ほどで約2倍にふくれたら、指に粉をつけて押す。穴がそのまま残れば、ガス抜きしベンチタイム10分。
⑤6等分し、ベンチタイム5分後、成形し二次発酵させ2倍ほどに膨らんだら、80度に予熱したオーブンで15分焼く。
⑥1cm厚さに切って、白ねりゴマとハチミツ、シナモン粉と練って塗る。または、カリカリに焼いてバジルとニンニクのペーストを塗ってもおいしい。

◆ヒメムカシヨモギのホットケーキ

さすが北米生まれ、ハーブのような香りはオレンジの皮やアーモンドと相性ぴったり。

①ヒメムカシヨモギなど街野菊の芽先の7、8㎝を摘み、細かく刻む。
②塩でよくもんでから、熱湯で1分間ゆで水にさらす。
③ホットケーキミックスを牛乳で溶きアーモンドパウダーと②を加える。
④ホットプレートにティースプーンで一口大に落として焼く。中央に刻んだオレンジの皮を散らす。表面にプツプツ気泡があいたら裏返して焼く。
⑤メイプルシロップやハチミツを塗り、タンポポコーヒーを添えると素敵な一品に。

先人の知恵の緑の天然練り歯磨きで、みんな納得

ハコベ

種　ナデシコ科・一年草
分布　日本全土
生育場所　道端、畑、野原
採取時期　1～5月
薬用など　催乳、虫垂炎、歯槽膿漏

ある農村で摘み菜料理を紹介したときのことです。

「じゃあ、ハコベを…」と、なったとたん、会場の雰囲気がさっと引いて冷え冷え。「ハコベなんて、ヒヨコのエサ、畑の邪魔もんで、なんぼ草引きしても生えてくる、あの〝ひんずり〟（ハコベの方言）を食べさせるんか」という表情なのです。

この道は、いつもあの犬が散歩しているからと、街に住む人は街の草に抵抗を覚え、農村ではニワトリのエサにしているからと身近なハコベに抵抗を感じる…。摘み菜料理の場合は、知りすぎていることが、かえって障害になる場合があるのですね。

人間の心理のおもしろさを感じますが、これで納得して引き下がるわけにはいきません。農村の方々にも受け入れてもらえる、ハコベの料理法はと考え、この日紹介したのがハコベ塩、純天然の手作り葉緑素パウダーです。

「生のハコベをみじんに刻み、半量の塩とすり鉢で10分ほどすする。2枚の天ぷら敷き

紙に薄く伸ばし、天日で乾くまで干す。2枚の表面をこすり合わせると、緑のハコベ塩ができる」

作り方はこれだけで、いたって簡単です。これを指の腹に付けて、歯茎をマッサージすると歯槽膿漏の予防になります。「つぶ塩入り」とハコベの消炎効果を組み合わせた、天然練り歯磨きの誕生です。ずっと昔から、つい30年ほど前まで普通に伝えられていた「先人の知恵」です。「昔の人は偉かったんだね」。会場は一気に盛り上がりました。

わが家ではこの「ハコベ塩」は歯磨き粉としてだけでなく、葉緑素たっぷりの緑の塩として、ふりかけや天ぷらの振り塩などに大活躍です。塩をぐんと減らして野草粉として、旅の友にしています。

小型で葉柄の長いコハコベは外来種。葉柄がほとんどない中型のミドリハコベは日本の在来種です。さすがにナデシコ科で深い切れ込みの入った白い5枚の花弁は、10枚の花びらに見え、とても可憐です。

摘み菜の会のTさんが、幼い姪たちと早春の河原へ散歩に出たときのことを話してくれました。セイヨウカラシナのたくさんの株や一面に茂るハコベに出会い、「おいしそう…」と思わず、ハコベを摘み始めました。「それなに?」とたずねる子たちに「これハコベよ。夕ご飯に食べようね」。

おいしかったと彼女たちは、それからはハコベとすっかりおなじみさん。そのハコベ、次の日は冬の膳のハコベサラダになりました。

私はハコベの花を小さくちぎって、サラダに散らしたり、ゴマ豆腐の上に飾ったり、白い花が生きる使い方をあれこれ工夫しては楽しんでいます。

◆ハコベの花寿司

芽先をまず油で炒めると、青臭さがなくなります。卵の黄色で彩りよく、「ひよこ寿司」の愛称で雛祭りのお膳にいかがでしょう。

①米4カップにコンブと水4・4カップを加えて炊く。
②ハコベ（またはセリ、ヨメナなど）は細かく刻み、溶き卵と合わせて、ゴマ油で軽く炒め、塩、コショウをする。
③寿司桶で飯に合わせ酢（酢80cc と砂糖40g）を回しかけ、寿司飯を作る。②を混ぜる。
④三角や俵型に握り、桃やボケの花を飾る。

◆ハコベとハマグリの煮浸し

季節柄、潮干狩りに行ったら、ついでにハコベを摘んで帰りましょう。旬の出会いが楽しい一品です。

①ハコベは柔らかいところを2、3㎝の長さに摘み、塩ゆでする。
②ハマグリは殻をこすり洗い、酒大サジ1で2、3分蒸し煮にする。
③身を取り出し、砂が残っていないか確かめる。
④貝汁をしょうゆ、みりん少々で味付け、①を浸す。
⑤貝殻にハコベを盛り、ハマグリをのせる。

◆ハコベのスープ

洋風仕立てのかき玉汁に。ひと煮するだけで、ハコベの青臭さは消え、三色の彩りが美しいお手軽スープです。

①ハコベの芽先の柔らかい部分を2、3㎝に両手いっぱい摘み集める。
②3カップの熱湯にむきエビ100gを入れ、塩、コショウで味付けする。
③溶き卵1個を、汁をかき混ぜながら静かに注ぐ。

④ハコベを加え、ひと煮たちして緑が鮮やかになれば、火を止める。

◆ハコベパン

1斤分（8～10個）の材料は、強力粉250g、マーガリン10～20g、砂糖大サジ1・5、スキムミルク大サジ1、塩小サジ1、ドライイースト小サジ1、ハコベ一握り、ぬるま湯170cc。

①ハコベは湯がいてみじん切り。

②ハコベ以外の材料をボウルでこね、手につかなくなったら①をまんべんなくこね混ぜる。

③叩いたりこねたりを250～300回繰り返す。

④中へ巻き込むようにしてまとめ、ボウルに入れ、ラップをかけて発酵させる。

⑤2～2・5倍に膨らんだら、指に粉をつけて押し、穴がそのまま残れば発酵完了。

⑥打ち粉をした台の上で、押しつぶすようにしてガス抜きをする。

⑦巻き込むように丸めて、マーガリン（分量外）を薄く塗った型に入れ、ラップをかけて発酵させる。

⑧2～2・5倍に膨らんだら180度に予熱したオーブンで25～40分焼く。時間はオ

ーブンによって違ってくる。丸めるなら8～10分。
⑨焼き上がったら型から取り出し、網の上で冷ます。

クロモジ

清涼感のある香りを生かして、お茶や楊枝に利用

種　落葉低木樹・クスノキ科
分布　北海道南部〜九州
生育場所　山や林の半日陰
採取時期　2〜10月
薬用など　関節痛、抜け毛

山を歩いていて、何気なく触れた小枝から清涼感のある香りが漂ってきました。枝には黒い斑点が文字のように見えます。「あっ、クロモジやわ」。改めて枝を握ると、手のひらからもさわやかさが香り、リフレッシュ。「早春に黄緑色の花芽が、鈴を吊り下げたように小枝に並んでいるのが目印よ」と、友人の植物画家の観察眼はさすがです。中国名「釣樟《ちょうしょう》」も花芽姿とクスノキ（樟）の香りがぴったり。

摘み菜茶事でクロモジの葉を軽く煎じた湯を、待合いのお客様に汲み出して供し、お口を清めていただきました。「クロモジの楊枝で食べたことあるけど、クロモジを食べたのは初めてです」と、珍しがられました。あのシャープな香りはクロモジ精油という成分で殺菌作用もあり、先人はこの特徴を生かし、茶菓子の楊枝などにしたようです。

クスノキ科の月桂樹、ニッケイ、ヤブニッケイは、食薬用に使われます。でも、お

なじみのクスノキは強心作用の成分を含むので、私は食べません。葉などを乾かしてハンカチで包み、浴剤や引き出しの虫除けに活用します。

大半が常緑のクスノキ科の中で、クロモジは晩秋に落葉します。それを集めて干し、手でもんでスパイス作り。月桂樹よりちょっと和風のさわやかさがほしいときに重宝します。また、食用以外にも応用でき、友人はお風呂に入れたところ、たいへん気持ちよいお湯だったそうです。

◆クロモジの佃煮

①花の咲き始めたクロモジの芽と葉を片手いっぱい摘み、一晩水にさらす。
②細かく刻み、サラダ油でさっと炒め、しょうゆ、ワイン、ハチミツ少々で煮つめる。

〈この佃煮を使った料理3品〉

牛肉の大和煮　牛肉、ゴボウ、セロリの葉をコトコト炊き、仕上げに佃煮を入れて水気を飛ばす。

アラメの香り煮　細切りのアラメはさっと洗い、しょうゆ、酢、ダシに一晩漬ける。落としブタをして20分炊き、10分おく。佃煮を入れて汁気を飛ばす。

スパゲティ　ゆでたスパゲティはオリーブ油、塩、コショウをからめておく。炒めたベーコンにスパゲティと佃煮を合わせる。

◆クロモジ酒

①クロモジは葉や枝は洗って、3㎝に刻み2日間天日に干す。
②ビンに1／3ほど詰め、好みで1／10ほどハチミツを加える。ホワイトリカーを8分目まで注ぎ、密閉して冷暗所に置く。半年から飲めるが、2、3年おくとブランデーのようなよい香りになる。

冬の摘み菜で遊ぶ

〈冬の恵み〉

「冬は摘み菜がなくて困るでしょう」と言われることがよくあります。とんでもない、野菜でもネギや青菜類は冬が旬なように、ネギの仲間のノビル、アブラナ科のタネツケバナやナズナたちは、冬の野にもたくましく生きています。先の阪神・淡路大震災の折り、流通機能がマヒして生鮮食品が店頭から消えたのも、ちょうど冬でした。被災された摘み菜の仲間たちは「庭やその辺に生えているもので何とかなりそう」と、落ちついていられたそうです。

野菜はスーパーで買うものだという常識、ブロッコリーは花だけ、サツマイモは根っこだけしか食べられないという思い込みが、かえって私たちの生活を不自由にしていないでしょうか。季節はずれのものを作るために農薬をかける、海の向こうから運ぶために防腐剤を使う。そんな自然の摂理に逆らうことではなく、わずかな恵みでも工夫しながら、おいしくいただけたらと思います。

自分の住まいのすぐ近くで摘み菜を見つけると、元気に暮らしている仲間に会ったようで、ほっとします。

〈磯菜《いそな》と浜菜《はまな》〉

海藻は加工品を買うことが多く、旬が見えにくいものの一つですが、天然の磯菜（海藻）は冬がいちばん柔らかいです。風が強くて波の荒れた翌日は、数々の海藻が海岸に打ち上げられています。引き潮の岩場でも何種類も摘むことができます。緑藻、紅藻はそのままで美しいし、褐藻はさっとゆでると鮮やかな緑に変わります。

ついでに浜の菜も見てみましょう。黒松林の辺りにはツルナやハマダイコン、その奥にはツワブキやハマウドが見られます。これらも冬が旬で、アクが少なく、美味しく食べられます。砂浜には冬には枯れていますが、やがてハマエンドウ、ハマゼリ、ハマボウフウが芽を出し、春先には旬を迎えます。

〈摘み菜はコミュニケーション〉

例えば、持ち寄りパーティーに摘み菜料理を一品持って行くだけで、「これ何?」と会話が始まります。気づかずに召し上がって、後でびっくりされることもあります。モミジを箸置きにすると「子供のころ、大阪・箕面へ行ったときね、モミジの天ぷらを食べたいて、泣いて叱られてん」と、思い出を語り出す方があります。震災の炊き出しの折も、たくさんのふるさと話の花が咲いていました。地方へ行けば、アク抜きや料理法をお年寄りの方がよく知っておられて、昔の知恵を教えていただくこともしばしばです。

私自身は、小さいころは一人で草摘みやままごと遊び。あまり多くの友だちがいる方ではなかったのですが、摘み菜を通して、たくさんの縁が広がりました。晩秋にキクイモを両手いっぱい掘って届けてくれる人、野生のセリの群生場所を知らせてくれる仲間、「ヨモギ豆腐、食べたいな」と作るきっかけをくださる方、自然の恵みを通して、人の恵みをいただいている毎日です。

〈摘み菜味噌はいかが？〉

摘み菜をたっぷり入れた香り味噌を紹介しましょう。熱いご飯に、田楽に、焼き魚に、ゆでた摘み菜に、根菜に、しぎナスに、しゃぶしゃぶに、焼き餅に、ぬたに、湯豆腐に…、あなたなら何に添えますか？

①まず、摘み菜の下処理をする。葉もの（フキ、ツワブキ）や皮（ミカン、レモン）なら、アク抜きをして刻む。実もの（ビワ、クサボケ、カリン、クワ、梅干しなど）は、すりおろすか、煮つぶす。根（ヒルガオ、ショウガ）なら細かく刻む。

②色白でフルーティーな実は白味噌。アクのあるものや色の濃いものは赤味噌と合わせ、適量のみりんでのばす。好みでねりゴマやしょうゆを加えてもよい。

③②を火にかけて練る。

粉うこん（ターメリック）や粉茶を味噌・みりんに練り込むだけでも、きれいで香りのよい味噌ができる。

〈箸休め四種〉

摘み菜がたくさん手に入ったら、保存を兼ねて作ってみましょう。ちょっとした手みやげにも重宝します。

●味噌漬け

①味噌をみりんで少しゆるめる。

②モリアザミやキクイモ、ショウガ、ウコンの根、マタタビの実などを漬け込む。早く使いたい場合は食べるときの形に切って漬け込む。

●粕漬け、麹漬け

①酒粕や麹を白味噌と合わせ、みりんか酒でゆるめる。

②ヤマイモのムカゴやキクイモの根を漬け込む。

●しょうゆ漬け

①しょうゆをみりんか酒で割る。

②モリアザミやキクイモ、ショウガ、ウコンの根を漬け込む。好みで果実酢やゴマ油を加えてもおいしい。

●佃煮

①クサギやニワトコの芽、クロモジやサンショの花芽、シソの実、ツワブキの茎などを下処理する。

②コンブやシラス干しと煮て、しょうゆとみりんで味付ける。ゴマを加えてもよい。

四季の膳

◆摘み菜の世界へようこそ

摘み菜を始めたばかりの方に、ご家族の反応をたずねるとおもしろいです。「うちの主人は春が来るのがコワイって」「うちのとこの子供らも、私がリュックを背負って帰ってくると、今日は何の草って？　恐る恐る台所のぞくわ」。

食べ物は命に直結するものだけに慎重になるのは当然です。これをいかに安心しておいしく楽しく食べてもらうかが、腕の見せどころです。

それにはまず、家族の好物料理に混ぜて使うのがいちばんです。下処理がうまくできていれば、自然にいただけます。「これ、ホウレンソウと違うみたいやね。いいにおいするけど何？」と言ってもらえたら大成功です。

野菜嫌いの家族には、形を見えなくしてしまうのも手です。子供たちの一番人気は摘み菜ギョウザです。ノビルやハコベ、クローバーなどを刻み込み、青臭みを和らげるためにゴマの風味を効かせます。手作りのゴマ豆腐やおだんご、ホットケーキにも、ミキサーにかけた摘み菜を加えると緑が美しく、ビタミンもいっぱい。工夫を重ねるうちに「わが家の定番摘み菜料理」が少しずつ増えていきます。

いくら薬効があるからといって「身体にいいから」と押しつけたり、多量に作ることは控えます。摘み菜をみんなで楽しみながら、遊び心の輪が広がればいいですね。

◆摘み菜に聞いて、自分に聞いて

そのまま使える素材も多いですが、摘み菜を使うときの最大のポイントはアク抜きです。

アク抜きの第一歩は、ゆでたり、水にさらす方法です。ヨモギやフキの葉、ワラビなどアクの強いものは、灰汁（木の灰を溶かした上澄み液）や塩などでゆでると短時間ですみます。

よく「何分さらせばいいのですか？」と聞かれます。私は「摘み菜に聞いてね」と答えます。同じヨモギでも季節や生えていた場所によって、えぐみも風味も違うので、味見して確かめるのがいちばんです。ただあまりアクを抜きすぎると、素材の持ち味も消えてしまうので、ほどほどにしましょう。

もう一つの方法として、干したり、塩漬けにして保存することでも自然にアクが抜けます。干ゼンマイや干タケノコ、イタドリやタケノコの塩漬けがそうです。

◆五感を使う

さて、味見だけでなく、各々の摘み菜の個性を知るためには、嗅いで触って、かんでみましょう。香りは強いか、やさしいか、感触はザラザラしているか、なめらかか固さはどうか。しっかり「「摘み菜に聞いて」みましょう。チャームポイントがわかったら、次は「自分に聞いて」みます。今までの経験から、料理の仕方、組み合わせる食材を工夫するときは、発想が広がって、とても楽しいものです。

◆摘み菜をおいしく料理するコツ

香りはソロかデュエットで

香りの強いもの同士をいくつも合わせると、下手なオーケストラのようにうるさくなります。どうしてもカルテット（三重奏）にしたいときは、同じ科（バラ科、キク科など）でまとめるとうまくいきます。

刻み方は食べる人の口に合わせて

固いものは千切りやみじん切りなど細かく刻み、柔らかいものは大ぶりに一口大に切ります。また、召しあがる方の年齢に合わせて、若い人には歯ごたえを残して、幼児やお年寄りには食べやすく調理します。

気の合うものとの組み合わせ

摘み菜の個性を生かすには、共通点のある食材と合わせるとよいです。フキのようにクセの強いものは調味料の中でも味噌や梅干しと合い、クローバーのように固いものは、ナッツやキクラゲ、ちくわなど歯ごたえのあるものと合います。

オリジナルレシピは連想ゲーム

この摘み菜の香りや味は、今までに食べたことのある野菜の中で、何と似ているか考えてみましょう。ノビルをネギのように、若いヘチマはイタリア料理で食べたズッキーニに似ているからサラダに、と次々に浮かんできます。

摘み菜の楽しみは摘み菜の個性の中で、チャームポイントを見つけることです。アロエは苦い、と思われていますが、中のゼリー質は無味透明で、どんな素材ともなじんでくれます。そのゼリーに似た感触を生かすには、お惣菜にしろ、デザートにしろ、ツルリとした料理が合うでしょう。

味付けは摘み菜の持ち味を生かすためにします。舌にのせた瞬間に感じるような、強烈な辛さや甘さが近ごろ好まれていますが、ゆっくりと味わう暇のない現代を象徴しているようです。

京都府の加悦町のイベントに呼ばれたとき、郷土の知恵を語り継ぎたいと思って、地元の料理をしようと提案したら、それでは来てもらう意味がないと返されました。いろいろ試作した結果、ひねり出したのが、摘み菜自慢のヤマノイモのたちまちムース（213ページ）でした。自然を日常的に食していた伝統も現代風にアレンジして、次代へとつなげていきたいと思います。

◆献立の基本

摘み菜の基本パターンは、①摘み菜ご飯、②摘み菜汁、③主菜、④箸休め（別菜）、⑤デザートの五品です。それに七福茶がつきます。おもてなしやお祝いの席では、食前に摘み菜の酒やジュースを加えてもよいです。主菜や箸休め、デザート用のレシピから、一つ拝借して、しゃれた器に季節の敷き葉を添えれば、先付けも思いのままです。一人で全部をそろえなくても、気の合う仲間がそれぞれの摘み菜と話題を持ち寄って、バイキング方式にするのも楽しいでしょう。

◆摘み菜ご飯

〈基本の作り方〉

①アクの少ない摘み菜（タネツケバナ、ハコベ、ヨメナ、セリ、ツユクサ、ヒユなど）の芽と柔らかい葉を一人分一握り摘む。
②さっと塩ゆでするか、生のまま細かく刻む。
③塩を一つまみまぶしておく。
④軽く絞り、熱いご飯にさっくりと混ぜ込む。
⑤お茶碗に盛り、花の甘酢漬けを飾る。
　ほぐした塩鮭、シラス干し、干エビ、白ゴマ、もみワカメ、味噌漬け、梅干しなどをいっしょに混ぜてもおいしい。おにぎりにするなら、冬はしょうゆ、夏は梅酢で握るとよい。

〈応用編〉

バターライス、炒飯

毛のある菜や固いものは油で炒めると食べやすくなります。炒めた具を釜混ぜにすると楽です。冷やご飯ならチャーハンにします。向く菜は野エンドウ、レンゲ、クローバー、ヒメオドリコソウ、ホトケノザ、ツルナ、アカザ、ネギボウズなど。ほぐしたサケ、ハム、いり卵、玉ネギ、意外においしいのがレンコンのさいの目切りです。オムライスも目先が変わります。

ちらし寿司

基本の項であげたもののほか、酸味のあるスイバやギシギシ、スベリヒユが合います。花の甘酢漬けや酸や熱で変色しないノカンゾウやキンセンカなどの黄色い花を散らすと美しいです。合わせる具は前述したもののほか、ちくわやアナゴ、ウナギなら豪華になります。スモーク肉などでライスサラダにする場合はバジルやレモンバームなどのハーブでも合います。

一口握り

こちらは寿司飯をへしこ（青味魚の塩漬け）や酢じめ、みりん干しなどといっしょに握るので、香りや辛みのある菜（クレソン、セリ、タネツケバナ、ノビル、ワサビなど）が向きます。ノリの帯を巻いてとめるか、花びらの大きいツバキやボタンの甘酢漬けで巻くと鮮やかになります。

炊き込みご飯

キクイモ、ムカゴ、ビワ種、ヒジキなどは米といっしょに炊き込むと、しっくり味がなじみます。水分を控え、塩、しょうゆ、酒で調味します。

葉巻きライス

葉の大きなオオバコ、シソ、キンレンカ、バジルなどは各自で、ツナ、サケフレークやおろしニンジンなどの入ったご飯を包んで食べるのが摘み菜風手巻きです。

どんぶり

マグロの味付けフレーク缶とノビルを和えたどんぶりは、摘み菜の定番料理です。いり卵とミンチ、クレソンの三色そぼろも人気者です。

粥、雑炊

今日は軽くすませたいというときに便利な粥と雑炊。あなたの平成の七草を見つけておくと重宝します。一方、具だくさんのソバの実の雑炊にクコやニラの花を散らせば、これは立派なもてなし料理です。

雑煮

お正月のいつものお雑煮にも、来年はぜひ七草の一つでも加えてみてはいかがですか。

麺

スパゲティには日本のハーブのシソやセリ、ヨメナ。冷麺には酸味のあるスベリヒユ。庶民の味の焼きそばや焼きうどんには、ざらつきのある菜や少し固いものでも大丈夫です。

◆摘み菜汁

すまし汁

姿を生かしたい若芽（ギシギシ、ツルナ、イタドリ）やツクシ、ウド、海藻（ミル、ホンダワラ、モズク）、キノコ類、淡い色合いの美しい花たち（ヒルガオ、マツヨイグサ、サクラ、白サザンカ、白ボタンの塩漬け）を使います。ひと手間かけた若マツしんじょ、もえぎ豆腐（摘み菜入りゴマ豆腐）、摘み菜だんごも前日の夜に用意しておけば楽です。夏にはソーメンにヒルガオやオオマツヨイグサ、ヘチマの花を浮かべた冷やし鉢、冬はベニバナボロギクのあんかけ汁も喜ばれます。

洋風スープ

ベーコン、エビ、鶏などでダシを取れば、少々青臭いツユクサや末菜（とうのたった菜の茎）やノビルでも大丈夫です。夏場はスイバやスベリヒユ、ボケ酢の酸っぱいスープが食欲を増します。

かき玉汁

ハコベやレンゲ、ツユクサの細かい葉を卵がまとめてくれます。

赤だし

ウワバミソウやアオミズなどの少しざらつく葉でもいけます。マグロの剥き身や貝など、動物質の具と合います。

粕汁

根菜のキクイモを使ってみましょう。

ポタージュ

固かったり、毛のある菜をゆでてミキサーにかけて、美しいひすい色のポタージュに。上に花（のついた芽先）をちょこんと浮かべておしゃれに。野エンドウ、ホトケノザ、ヒメオドリコソウなどを使います。

◆主菜

天ぷら

姿揚げ、巻き揚げ、花寄せなど、摘み菜らしい揚げ方をマスターしてはいかがです

か。（371ページ参照）

若菜巻き

セルフサービスでまるごと感覚を楽しめます。シソ、バジル、キンレンカ、フキノトウの苞、ケールやセイヨウカラシナの若い葉など、大きくて香りや辛みのある菜が向きます。中身はウナギ、イワシやタチウオのみりん干し、スモークした肉、鶏の照り焼き、イカナゴのくぎ煮など、お好みで…。

ポタ焼き

摘み菜の一口お好み焼き風の一品です。作り方は289ページ参照。

摘み菜サラダ

生で食べられる摘み菜なら、イカやタコ、ホタテ、エビ、ちくわ、季節の果物などと合わせて、サラダにしていただきましょう。ハコベ、クレソン、タネツケバナ、キユウリグサ、ノヂシャ、アオミズ、スベリヒユ、ナズナ、若ヘチマ、フノリ、火を通したフキ、イタドリ、ヒジキもおいしいです。かけるソースは摘み菜の会特製のマヨリン（マヨネーズと同量のおろしリンゴを混ぜたもの）、摘み菜味噌のタレ、摘み菜酢やペーストのドレッシングなど。

炒めもの

好みの肉や魚貝、練り製品と合わせてどうぞ。スベリヒユ、ツルドクダミ、ツルナやアカザのほか、ベニバナボロギクやノゲシ、セイヨウカラシナなどの大きい葉もたっぷり食べられます。いつもの野菜炒めに加えると抵抗がありません。

肉の冷製

夏にはぜひ作りたい一品。豚のクズたたきや棒々鶏に、生やゆでた摘み菜や季節の花を添えていただきます。摘み菜酢や摘み菜味噌を使った酢味噌、ポン酢、ボケの実おろし、ゴマだれにつけてどうぞ。

焼き肉、焼き魚

忙しいときにはこれがいちばんです。ツワブキの葉やカリン、ヒルガオの根で作った摘み菜味噌、カリンの種しょうゆをかけるだけでOKです。

◆副菜

柔らかい芽や葉で

サラダ、おひたし、煮浸し、酢の物、和え物（ノリ、梅、酢味噌、辛子、納豆）、即席漬けを作ります。

固めの葉や毛のある葉で

和え物（ゴマ、ゴマ味噌、ナッツ、白和え、明太子和え）、煮物（味噌煮、炒め煮）、卵の花炒り、炒め物、キンピラ、はりはり漬け、卵焼き、オムレツ、ゴマ豆腐、コンニャクを作ります。

花で

サラダ、甘酢和え、なます、和物の天盛りを作ります。

海藻で

サラダ、酢の物、ぬたを作ります。

◆デザート

花や実物の蜜漬け、ジャム、酒が大活躍します。

冷菓

花の美しさを生かすならコレです。テングサのゼリーやクズ餅、わらび餅に、生であるいはゆでて閉じこめます。クズ切りの上に花蜜を飾るのも手軽です。透明のものだけでなく、白い牛乳や豆乳のゼリー、キールに飾ってもよいでしょう。

ケーキ、クッキー

ヨモギやケールを練り込んだパンケーキ、フユイチゴやクワの実を焼き込んだケーキ、花モクセイの蒸しパン、ドングリやクコの実、松葉のクッキーなど、あなたのアイデアを生かしてみましょう。

和菓子

桜餅もおはぎも摘み菜風はひと味違います。ヨモギや柑皮を練り込んだだんごやフルーツポンチ。サツマイモに花モクセイをのせた花手まり。ヨモギを練り込んで焼いたサツマヨモギも、摘み菜の会の定番料理です。

サラダ、カクテル

季節の果物に花のジャムやヨーグルトのソースをかけて。アオミズの茎やアロエ、ハヤトウリのコンポート、クチナシの花なども意外に合います。

カナッペ

田舎麩を軽く焼いて、黒ゴマハニーや長寿味噌を塗るだけの超簡単スナック。彩りに花蜜やジャム、カリンやクサボケの蜜漬けをのせてどうぞ。

マシュマロ、ムース

ヤマノイモを使ったアイデア料理。一度お試しを。（２１２ページ参照）

シャーベット

ミントやローズゼラニウム、ニオイアオイを熱いシロップにつけ、香りを出した液を凍らせると芳香のシャーベットができます。摘み菜酒やジャム、ジュースを使えば簡単です。

◆飲み物

ジュース

ビワやクサボケ、シソ、アロエなど。マツとユズ、カリンなどのホットジュースも身体が温まります。

即席カクテル

熟成させた摘み菜酒もよいですが、アケビの白酒、若松酒、パープルシナモン酒（ツルムラサキを白ワインの中でつぶし、オリゴ糖とシナモンを加えます）、モモの花酒（酒粕と牛乳をミキサーにかけてオリゴ糖を加え、モモの花を浮かべます）なら、目の前で作れます。

七福茶

調理で残った固い部分を利用して作りましょう。196ページ参照。

◆膳の彩り

料理は「五味五彩」とよく言われます。五味（甘い、酸っぱい、塩味、苦い、辛い）のバランスももちろんですが、摘み菜膳では特に彩りを楽しみます。三原色プラス白黒で五彩とします。おとなしい色をベースに、鮮やかな色をアクセントにすると成功します。例えば、クコどんぶりで考えてみましょう。料理は絵心と言いますが、まずキャンバスとなるご飯の白、その上にクコの実の赤、クコの葉の緑、卵の黄色がそろえば、残りの一つは黒ゴマ、刻みノリ。どちらでもよいですが、少量にとどめるのがコツです。

一つのメニューの中で五色そろえなくても、膳全体でそろっていればよいわけです。

摘み菜料理を盛るときには、使われている摘み菜の生の葉か小枝を添えておき、正体を明かして安心してもらいます（かえってギョッとされることもありますが）。召し上がれば、きっと「意外においしいね」と話が弾みます。アカメガシワやクズなどの大きな葉は菜盛りにします。ヤマノイモやサルトリイバラ、コウゾなど中くらいの葉は、皿と料理の間に挟んで敷き葉や茶托にします。小枝など長いものは箸置きに。

庭や道端、野の摘み菜たちといっしょに季節の風を感じつつ、さあ、摘み菜の宴を始めましょう。

フィールド膳

◆春の野で青空天ぷら

誰もが陽光に誘われる春。鍋、油、粉、水、卵を持って、ピクニックに出かけましょう。ランチは摘み菜の天ぷら。材料の摘み菜は現地調達です。

まず目につくのがマメ科の菜たちです。店で売っているマメ科の苗は春が旬の野菜ですが、野生のマメ科の植物たちも今が盛りと咲いています。昔懐かしいレンゲ。昔、このピンクのじゅうたんに座り込んで、花輪を作ったわ、という人も多いでしょう。レンゲと同じ蝶形の花をつけたクローバー、野エンドウも見つけられたでしょうか。マメ科の摘み菜は、葉にもタンパク質が多く蓄えられているので、火を通すと甘みが出てきます。アク抜きのいらない天ぷらは、とっつきやすい調理法です。摘み菜の会流の天ぷらの揚げ方は、素材に合わせて4種類です。合わせる具も持参してみましょう。

〈姿揚げ〉

衣は薄く、低温でゆっくり揚げることで、色よく、アクがよく抜けます。アクの強いものや色、姿を生かしたい大きな葉に向いています。油は少なくてすみ、傷みも少ないのが取り柄です。

姿揚げに向いた摘み菜は、ヨモギ、コノテガシワ、ユキノシタ、オオバコ、オナモミ、クズ、アオキリ、フキ、ドクダミ、タラ、エビヅルなど。

①摘み菜は洗って、水気を拭き、小麦粉を薄く両面にはたく。

②水1／2カップに小麦粉大サジ1、酒、塩少々を混ぜた液に①を浸して湿らせる。粉が沈んできたらまた混ぜる。

③160度の油で形を整えながら揚げる。

〈衣揚げ〉

最もポピュラーな衣。アクの少ないもの、毛のあるもの、固いものに向きます。衣揚げに向いた摘み菜は、ヒメジョオン、キンミズヒキ、ヒメオドリコソウ、ニワトコ、ミゾソバ、ヨモギ、ヤブジラミ、セイタカアワダチソウ、ゲンノショウコ、キクイモ、野エンドウ、スミレの花と葉、ツバキの花（芯をつけたまま花びら2、3枚ずつ）。

①溶き卵1個に水を加え、1カップにする。

②小麦粉3／4カップ、片栗粉1／4カップ、酒、塩少々をさっくり混ぜる。
③摘み菜をゴミを払って衣につけ、箸にはさんで軽くしごき落とす。
④160〜170度の油で揚げる。

〈巻き揚げ〉

広くて柔らかい葉で、ちくわ、カマスゴ、めざしなどを巻きます。自宅なら山イモ類をおろして、上新粉または餅粉、刻んだナッツ、ドライフルーツ、イカ、ジャコ、根菜を混ぜたものを葉でくるんでもおいしいです。

巻き揚げに向いた摘み菜は、大きな葉のクズ、アカメガシワ、オナモミ、フキ、ヒメジョオン、ギシギシなど。

①摘み菜は洗って小麦粉をはたく。
②衣をつけて、具を巻き込む。
③160度の油で揚げる。

〈かき揚げ〉

葉の細かいものか、固いものを刻んで、歯ごたえのある具（干エビ、スルメ、ジャコ、ちくわ、イモやカボチャの皮、ナッツ、ドライフルーツ、ゴボウ、ゆでたマメ）と合います。余った衣の後始末にどうぞ。

かき揚げに向く摘み菜は、ミカンの皮や葉、月桂樹の葉、イヌタデの穂、マメ科の花と葉、クサボケやカリンの蜜漬けなど。

①具はあられ切りか千切りにする。

②衣揚げの衣に①を混ぜ込む。

③大サジ1杯くらいを平たく整えて、160〜170度の油で揚げる。

油の温度

160度　衣が底について上がる

170度　衣が途中で上がる

180度　衣が表面で散る

◆初夏の山で野の刺身

そろそろ、歩くと汗ばむ季節。緑の木陰をハイキングとしゃれこみましょう。春に芽を出した植物たちも、だいぶ丈が伸びています。茎や下の方の葉は固そうですが、でも大丈夫です。先は年中柔らかいです。清流のそばには野には見られない、みずみずしい摘み菜たちも待っています。

さあ、柔らかそうな芽を選んで摘んでみましょう。指先で軽くつめるところだけ摘むのが、口にやさしい料理を作るコツです。ハサミなどの道具を使うと固さがわからず、お年寄りは歯に触り、子供は嫌がってしまいます。ショウガじょうゆなどでいただくと美味です。

〈野の刺身〉

これは魚介の刺身ではなく、香り豊かな摘み菜たちのお刺身です。アクの少ない菜を選んで、持参の具を各自が巻いていただく「勝手巻き方式」です。摘み菜味噌が物理的にも、味の面でもつなぎの役目を果します。

①摘み菜はアクや毛の少ない、生で食べられる種類を選んで、柔らかいところを摘む。タネツケバナ、ナズナ、ハコベ、キュウリグサ、ハナイバナ、ノビル、ノヂシャ、カワヂシャ、オオバタネツケバナ、クレソン、セリ、フキノトウの苞《うてな》、ヤブニンジン、ワサビ、アオミズなど。スイバ、ギシギシ、カタバミはシュウ酸があるので、少しだけに。

②アナゴやウナギの蒲焼き、サンマやタチウオのみりん干し、ちくわ、スモーク肉などの細切りを①でくるんだり、巻きつけていただく。広い葉のものには摘み菜味噌を塗って巻くとおいしい。

〈野のサラダ〉

こちらはリンゴ、ナシ、カキなどの果物と合わせて洋風に。ソースはマヨリン（マヨネーズとすりおろしたリンゴを同量合わせたもの）やアボガドソース（アボガドをつぶし、酢2、ハチミツ1、油1、塩、白味噌少々を混ぜたもの）でいただきます。

◆秋の河原で雑炊

秋は実りの季節です。野山では木も草も子孫を残そうと、色とりどりの実をつけています。その一部をちょうだいしようと鳥も獣たちも大忙し。野生の実を利用することを忘れかけているヒトにも、その血が流れているのか、子供たちもドングリ拾いやヨウシュヤマゴボウの色水遊びに熱中します。ただし、実や種子は栄養が濃い分、毒草の場合は毒も強いので、うっかり口に入れないように気をつけましょう。

ムカゴ（ヤマノイモの栄養芽の塊）は初心者にも覚えやすいものの一つです。縦長のハートのような葉のついたつるに、大きさの不揃いなメタリックなベージュの実がついています。ポロポロと外れて落ちやすいので、帽子で受けながら取るといいでしょう。

さて、遊ぶのに飽きたら、日の当たる河原へ出て、摘みたての摘み菜やムカゴを入れた雑炊としゃれてみませんか。

〈秋の実り雑炊〉

①米4に対して、キビ（ウルチ）かアワ1で炊いたご飯、卵、しょうゆ、みりん、塩、水を持参する。

②途中の野道や山道で、キクイモ、ウサギアオイ、イヌビユの穂、ツユクサ、クコの芽、クレソン、ベニバナボロギク、ミツバ、ムカゴ、アオミズなどを摘む。

③アオミズの茎は折りながら皮をむく。ほかの菜とキクイモは適当に切る。

④水の中でご飯をほぐし、ムカゴ、キクイモを加えて火にかける。

⑤煮たったら味をつけ、固そうな菜から入れる。再び煮たったら卵でとじる。

◆晩冬の海辺で摘み菜汁

冬に太平洋岸の浜辺に出かけると、その温暖さを実感します。晴れてさえいれば、ゆったりとした波の音を聞きながら、日なたぼっこをしたくなる気分です。しかし、開発の波はこんなのんびりした漁村にも忍び寄っていて、昨年に出会ったハマダイコンとの再開を楽しみにやって来てみると、すっかり様変わりしていて、がく然とすることもあります。そんなすき間をぬって、生えている浜の摘み菜たちの姿を見ると、それをいただくことは、生きるたくましさや、けなげさもいっしょにもらうことだと思えて、自然に「いただきます」と言いたくなります。
四季は巡り、人間がどんなに浮き足立っていても、草たちは寒さの中でちゃんと春の準備をしています。いつものあの山では、春いちばんのフキノトウとニワトコが、もうじき芽を出すでしょう。そんな自然の確かさに触れていると、不思議と心にゆとりが生まれ、暮らしの中のささいなことにも、感動できるセンサーが磨かれてくるようです。
さあ、どうぞ、あなたも摘み菜たちと話しながら、あなたの摘み菜地図を作ってみませんか?

〈摘み菜汁〉

冬の浜風の中でいただく粕汁です。麺や小餅、それに寒さの中でも元気な浜菜でパワーアップです。

①スルメ、酒粕、白味噌、干麺または小餅、水は持参する。
②浜でツルナ、ハマダイコン、ツワブキを摘む。ツワブキは茎の皮をむき、ツルナとともに水につけておく。葉は菜盛り葉などに利用。
③磯でヒジキ、フノリ、オゴノリ、ウミトラノオ、カモガシラノリを摘む。

④酒粕と裂いたスルメを入れて汁を作り、煮たったら干麵を入れる。
⑤再び煮たったら、②③を固そうなものから順に入れ、柔らかくなれば白味噌を溶く。

あとがき

「まあ、この草や木もごちそうになるの？」

摘み菜の楽しさを伝えたくて、書き始めた本がようやく誕生しました。

ここに選んだのは私のおすすめ菜。ワラビやゼンマイ、タラの芽は山菜の本におまかせして、私たちが身近に楽しめるものばかりです。

ツクシやセリは幼なじみの菜、大人になって仲良くなったボタンやハコベは大人《おとな》なじみ。どの菜にも一つ一つ向き合ってたずねました。「初めてあったのはどこ？」と、記憶をたどるうち、ぽーっと心が温もり、乾きかけた思い出がふわっと香りだしたときの嬉しさ。そんな想いを重ねながら、3年が経ちました。

この本を書くにあたり、気になったことのひとつが、「摘み菜料理は命と直結する」ということでした。自分自身の体験に加え、郷土食や有用植物図鑑、薬草毒草事典などで調べたり、植物や漢方の専門家、薬用植物園などでも聞いてみました。「多食、偏食はしない」がその結論です。

本作りを通して、深く摘み菜と語らう中で、科学というものが環境や生物に深刻な影響を与え、自然の恵みのある暮らしをすることが難しい現状を改めて痛感しました。「ずっと先の世代でも摘み菜で遊べる地球を」と、いっそう強く願うようになりました。

「3年熟成」のこの摘み菜料理の本は、たくさんの方々の協力があって出来上がりました。

本作りのきっかけ、原稿やレシピの整理、自主セミナーなど、惜しみない援助をくださった、多く摘み菜仲間たち。そして、いつも「お母さんがんばれ」と励まして見守ってくれた家族たちに、心から感謝しています。

遅筆で挫折しそうな私に、忍耐強くお付き合いくださった編集者の藤岡氏、山と渓谷社・大阪支局長の中上氏に深くお礼申し上げます。

■摘《つ》み菜《な》を伝える会
〒545—0021　大阪市阿倍野区阪南町4—14—8
摘み菜を伝える会・事務局　TEL&FAX　06—6621—2928

文庫化にあたって

２０００年に『四季の摘み菜12カ月』を出版して、早いもので16年の歳月が流れました。

この間に「摘み菜を伝える会」は着実にその輪をひろげ、全国に１００名近くの仲間が増えました。「摘み菜伝承師」と私たちが呼んでいる、摘み菜を子どもや孫の世代に伝えてゆく後継者も育っています。２０１６年5月には、摘み菜を本格的な和食に調理した『おいしい雑草　摘み菜で楽しむ和食』を山と溪谷社から上梓しました。同時に、本書の文庫化が決まり、会の発足20周年という大切な節目に、嬉しいことが続いています。

近ごろは「摘み菜はふるさと力」をテーマに、その地域の知恵と力を宝物にしたいと切に願いつつ各地へ赴き、摘み菜の輪は日本を飛び出して、世界へと広がっています。

「ずっと先の世代でも摘み菜で遊べる地球を……」。

今の時代だからこそ、さらに強く願い、感謝の言葉に代えさせていただきます。

文庫化にあたって、俳画家の髙橋功さんに挿絵を描き下ろしていただきました。単行本の時とはひと味違う優しい印象の本に仕上がりましたことを、この場を借りて御礼申し上げます。

最後になりましたが、この20年間を支えてくれた摘み菜の仲間たち、摘み菜を心から応援してくれた亡き夫や両親、成長した娘たちとその家族、編集担当の藤井文子さんをはじめ、私を支えてくださった大勢の方たちに心から感謝いたします。

２０１６年春　平谷けいこ

平谷《ひらや》けいこ
大阪府大阪市生まれ。大阪学芸大学（現大阪教育大学）卒業。小学校教諭を経て、摘み菜料理研究家。近畿植物同好会会員。食薬草の会で研究し、1985年から各地の特色を活かして摘み菜料理を創作・発表。朝日新聞「野で健康をつくる」連載をきっかけに1995年「摘み菜を伝える会」を発足。マスコミや自治体等の活動を通して“摘み菜は心と暮らしを元気にするふるさと力”をテーマに、全国に輪をひろげている。主な著書に『摘み菜がごちそう』『おいしい雑草　摘み菜で楽しむ和食』（いずれも山と溪谷社）、『ゆげの摘み菜』『改訂版　ゆげの摘み菜』。

四季の摘み菜12ヵ月　健康野草の楽しみ方と料理法

2016年6月1日　初版第1刷発行

著　者　　平谷けいこ
発行人　　川崎　深雪
発行所　　株式会社 山と溪谷社
〒101-0051　東京都千代田区神田神保町1丁目105番地
http://www.yamakei.co.jp/
印刷・製本　株式会社 暁印刷

■商品に関するお問合せ先
山と溪谷社カスタマーセンター　TEL03-6837-5018
■書店・取次様からのお問合せ先
山と溪谷社受注センター　TEL03-6744-1919　FAX03-6744-1927

ISBN978-4-635-04796-8